图书在版编目(CIP)数据

作战仿真系统校核、验证与确认及可信度评估/唐见
兵,查亚兵著. —北京:国防工业出版社,2013.1
ISBN 978-7-118-08269-2

Ⅰ.①作… Ⅱ.①唐… ②查… Ⅲ.①作战模拟-
计算机仿真-仿真系统-研究 Ⅳ.①E83-39

中国版本图书馆 CIP 数据核字(2012)第 186263 号

※

*国防工业出版社*出版发行

(北京市海淀区紫竹院南路 23 号 邮政编码 100048)
北京市海淀区四季青印刷厂
新华书店经售

*

开本 880×1230 1/32 印张 6½ 字数 178 千字
2013 年 1 月第 1 版第 1 次印刷 印数 1—3000 册 定价 69.80 元

(本书如有印装错误,我社负责调换)

国防书店:(010)88540777   发行邮购:(010)88540776
发行传真:(010)88540755   发行业务:(010)88540717

作战仿真系统
校核、验证与确认
及可信度评估

Verification, Validation and Accreditation and
Credibility Evaluation for Warfare
Simulation System

唐见兵　查亚兵　著

国防工业出版社
·北京·

致　读　者

本书由国防科技图书出版基金资助出版。

国防科技图书出版工作是国防科技事业的一个重要方面。优秀的国防科技图书既是国防科技成果的一部分，又是国防科技水平的重要标志。为了促进国防科技和武器装备建设事业的发展，加强社会主义物质文明和精神文明建设，培养优秀科技人才，确保国防科技优秀图书的出版，原国防科工委于1988年初决定每年拨出专款，设立国防科技图书出版基金，成立评审委员会，扶持、审定出版国防科技优秀图书。

国防科技图书出版基金资助的对象是：

1. 在国防科学技术领域中，学术水平高，内容有创见，在学科上居领先地位的基础科学理论图书；在工程技术理论方面有突破的应用科学专著。

2. 学术思想新颖，内容具体、实用，对国防科技和武器装备发展具有较大推动作用的专著；密切结合国防现代化和武器装备现代化需要的高新技术内容的专著。

3. 有重要发展前景和有重大开拓使用价值，密切结合国防现代化和武器装备现代化需要的新工艺、新材料内容的专著。

4. 填补目前我国科技领域空白并具有军事应用前景的薄弱学科和边缘学科的科技图书。

国防科技图书出版基金评审委员会在总装备部的领导下开展工作，负责掌握出版基金的使用方向，评审受理的图书选题，决定资助的图书选题和资助金额，以及决定中断或取消资助等。经评审给予资助

的图书，由总装备部国防工业出版社列选出版。

国防科技事业已经取得了举世瞩目的成就。国防科技图书承担着记载和弘扬这些成就，积累和传播科技知识的使命。在改革开放的新形势下，原国防科工委率先设立出版基金，扶持出版科技图书，这是一项具有深远意义的创举。此举势必促使国防科技图书的出版随着国防科技事业的发展更加兴旺。

设立出版基金是一件新生事物，是对出版工作的一项改革。因而，评审工作需要不断地摸索、认真地总结和及时地改进，这样，才能使有限的基金发挥出巨大的效能。评审工作更需要国防科技和武器装备建设战线广大科技工作者、专家、教授，以及社会各界朋友的热情支持。

让我们携起手来，为祖国昌盛、科技腾飞、出版繁荣而共同奋斗！

国防科技图书出版基金
评审委员会

前　言

　　仿真是一种基于模型的活动,在工程技术、社会科学、经济学、生命科学、军事学等各个领域得到越来越广泛的应用。作战仿真是研究作战最有效的手段之一,在各层次作战的分析、训练以及测试与评估中发挥着非常重要的作用。可信性是作战仿真的生命线,它既取决于作战模型的正确性与精度,又取决于模型实现的准确度。对作战仿真系统建设的全生命周期进行校核、验证与确认(Verification, Validation and Accreditation, VV&A)是确保和提高其可信性的重要途径,对作战仿真系统进行可信度评估可以获得其可信度,能够为系统的确认和重用提供数据支持。目前,国内在专门对作战仿真系统的 VV&A 及可信度评估展开系统研究的著作还比较缺乏。

　　本书针对作战仿真系统的特点,从 VV&A 的总体、形式化建模、主要 VV&A 过程以及可信度评估等方面展开研究,并将研究成果应用于"XX 作战仿真系统"的 VV&A 及可信度评估中,取得了良好效果,确保了该作战仿真系统具有足够的可信性。本书共 7 章,从内容与结构上可以分为以下四个部分,具体内容如下。

　　第一部分(第 1 章)介绍了本书的研究背景,总结了目前国内外 VV&A 及可信度评估研究现状,提出了 VV&A 及可信度评估研究的发展趋势。

　　第二部分(第 2 章)在阐述作战仿真 VV&A 及其相关概念的基础上,首先从宏观上提出了作战仿真 VV&A 研究的四层框架结构及指导作战仿真 VV&A 的综合集成、VV&A 立方体及 WSR 三种方法;其次针对作战仿真研究的实际,提出相应的 VV&A 原则与过程模型;最后从

人员机制和任务分解机制两个方面对作战仿真 VV&A 的机制展开研究。

第三部分(第 3~6 章)为作战仿真 VV&A 过程研究。其中,第 3 章对作战仿真 VV&A 过程进行形式化建模。首先基于统一建模语言 UML,对作战仿真 VV&A 过程分别从用例、静态结构、动态行为及交互等方面进行形式化建模;其次对 VV&A 过程管理分别进行用例、静态结构及动态行为建模,并建立包含活动代理的 VV&A 过程管理模型;最后基于功能建模定义语言 IDEF0,对 VV&A 过程进行形式化建模,并进行形式化描述。作为本书的重要内容,第 4 章与第 5 章分别对主要的 VV&A 过程进行研究,包括作战仿真系统需求校核、军事概念模型验证、数学模型校核与验证(V&V)及软件模型校核与验证。对于需求校核,提出了作战仿真系统需求校核的方法、策略和指标,并着重从语法和语义两个方面对需求的一致性进行校核;对于军事概念模型验证,提出军事概念模型验证的步骤、方法与指标,重点介绍军事概念模型验证的方法和验证指标;对于数学模型校核与验证,提出了数学模型的校核机制、方法与指标,并从数学模型的验证方法与指标两个方面对数学模型验证进行研究;对于软件模型校核与验证,分析了作战仿真系统软件模型的层次结构,研究软件模型的 V&V 方法与技术,从仿真软件单元、软件部件和仿真系统三个层面对软件模型的 V&V 过程进行了研究。第 6 章深入研究了作战仿真系统可信度评估问题,分析了作战仿真系统可信度评估的类型,并从信息论的角度,应用问题规约法提出并比较两种常用的可信度评估方式,建立了一套作战仿真系统可信度评估指标体系,提出主观综合评判法和灰色关联综合法两种实用的评估方法,并加以应用。

第四部分(第 7 章)结合工程实际,给出了作战仿真系统 VV&A 及可信度评估应用实例。首先介绍作战仿真系统的基本体系结构,接着对该仿真系统的 VV&A 进行总体设计,最后将本书的研究应用于该仿真系统 VV&A 工作中,并对每一个主要阶段都进行可信性评估。

总之，本书的研究可以丰富作战仿真系统 VV&A 的理论体系，开展的 VV&A 活动以及可信度评估工作对确保作战仿真系统的可信性具有十分重要的意义。

由于本书内容涉及面广，有些问题还在进一步深入研究之中，加之作者水平有限，错误与不足之处在所难免，敬请读者不吝批评指正。

作 者
2012 年 1 月于国防科学技术大学

目　录

Contents

第 1 章 绪 论

仿真(Simulation)是人们探索客观世界的一种重要手段,具有可靠、无破坏、可重复、经济、安全、不受天候条件和时间、空间限制等优点,是分析、研究和设计各种复杂系统的有力工具,在工程技术、社会科学、经济学、生命科学、军事学等各个领域得到了广泛应用,而且应用前景越来越广阔。作战仿真(Warfare Simulation)是对作战系统进行探索和研究的一种有效方法,在各层次作战的分析、训练以及测试与评估中发挥着越来越重要的作用。作战仿真是否可信、可信的程度如何,以及如何保证作战仿真系统的可信性(Credibility)等已经成为当前作战仿真研究的热点和难点问题。对作战仿真全过程进行校核、验证与确认(Verification, Validation and Accreditation, VV&A)是解决上述问题最有效的途径之一;对作战仿真系统进行可信度评估能够度量仿真系统的可信度,进而支持作战仿真系统的确认和重用。因此,本书将对作战仿真系统的 VV&A 及可信度评估等进行深入研究和探讨。

1.1 作战仿真概述

作战仿真是研究作战最有效的手段之一,具备足够可信性的作战仿真才具有实际的应用价值。因此,可信性是作战仿真的关键要素,值得重点关注和深入研究。

1.1.1 作战仿真

仿真技术作为国防领域的一项重要的支撑技术和战略技术,在作战体系分析、武器装备体系论证、新战术战役理论研究、在线决策支持等大量作战系统的研究和应用中发挥了巨大的作用。20 世纪 80 年代以来,随着世界范围内冷战的结束,各国政府纷纷大规模地裁减军费,

使得军事训练尤其是军事演习受到极大的制约;同时,为了适应信息化作战的需要,武器装备系统的结构和规模日趋庞大、功能日趋完善,使得其全寿命费用也随之急剧增加、研制周期延长。为了达到加强军事训练、节省军费开支以及缩短武器装备系统的研制时间等目的,各国军方高度重视仿真技术在作战领域的应用,已被广泛用于人员训练、武器装备系统作战效能评估、新武器系统概念研究以及战术有效性检验等方面。

作战仿真又称为作战模拟,是指利用仿真技术建立作战系统的模型(数学模型、物理效应模型或数学–物理效应模型),并在模型上进行试验/实验的活动。伴随仿真技术的发展,现代作战仿真经历了从20 世纪40 年代的火炮仿真、50 年代的飞行器仿真、60 年代的导弹仿真,直到近年来发展起来的大规模、多系统综合作战以及多军种联合作战仿真的过程。

随着高层体系结构(High Level Architecture,HLA)及其改进技术(HLA ++、WebHLA、HLA – evolved)的发展,在新的军事需求牵引下,将多个武器平台、多种武器系统、多种组织结构在复杂的战场环境下联合起来进行协同仿真已成为信息化条件下作战仿真研究的重点。世界各国为了分析(Analysis)、训练(Training)和采办(Acquisition)的需要,建立了大量的分布式作战仿真系统。例如,国外比较典型的有兰德战略评估系统(RAND Strategy Assessment System,RSAS)、JWARS(Joint Warfare Systems)、OneSAF(One Semi – Automated Forces)、JMASS(Joint Modeling and Simulation System)、JSIMS(Joint Simulation System)、MC02(Millennium Challenge 2002)以及网络战仿真系统(NETWARS)等,国内的主要有地面防空作战综合仿真系统、XX 防空仿真系统、陆军师作战武器装备体系对抗仿真系统、基于 HLA 的 XX 反舰导弹突防仿真系统及 XX 作战模拟系统等。

钱学森院士等专家普遍认为作战系统具备复杂巨系统的特点,因而作战仿真系统也是一类典型的复杂巨系统,其主要特点如下:

(1) 多层次性。多层次性是作战仿真最典型的特点。作战仿真从高到低可以分为战略层、战役层、战术层和技术层四个层次。低层作战仿真(如技术层和战术层)的技术成分重、规律性强、定量程度高,越往

2

下靠近技术层,技术和定量成分越重;高层作战仿真(如战役层和战略层)的艺术成分重、规律性弱,而越往上靠近战略层,定性和艺术成分越重、定量成分越轻,高层仿真必须建立在可信的低层仿真基础之上。

(2)多要素性。作战系统规模巨大、组成要素众多。作战仿真(尤其是战役层和战略层仿真)涉及到政治、经济、军事、外交、人文、地理、社会、作战规则、武器装备及编制体系等各个方面的因素,建模时很难完全考虑各个要素及其综合的影响。

(3)多领域性。当前信息化条件下的作战仿真涉及到物理域、信息域和认知域三个领域。一般物理域的要素具有一定的确定性,比较好度量,较容易建模,但信息域和认知域中存在许多随机性因素,无法进行准确描述和度量,而且作战仿真还涉及到军事科学、运筹学、系统工程、计算机技术、地理信息技术、数据工程、网络通信、建模技术等多种学科技术。

(4)人员广泛性。一个作战仿真系统的建设需要经历许多阶段,如系统分析、概念建模、数学建模、软件设计与开发、系统集成与测试等,但由于个人专业知识的局限性,因而需要多方面的人员共同参与,如系统需求分析人员、军事人员、仿真技术人员及软件测试人员等,才能完成系统建设任务。

(5)整体涌现性。作战系统各个实体之间的相互作用主要表现为作战过程中的双方或多方的对抗、各方内部的合作和协同、各方之间的联合与同盟等;作战仿真系统是由大量的具有自主特性的分系统和子系统组成,这些具有社会行为的分系统和子系统之间必然要产生相互作用。因此,上述因素必将导致作战仿真和作战仿真系统会产生整体涌现性。

(6)不确定性。导致作战仿真不确定性的原因主要存在于三个方面:① 作战仿真的高对抗性和整体涌现性将导致高度不确定性;② 信息建模、人的认知建模及行为建模等都包含许多不确定性因素,当前无法对它们的机理分析清楚,缺乏有效的建模方法;③ 由于人的参与,导致作战仿真的输入与输出都是不确定的,仿真过程是不可重复的,充满了偶然性。因此,人们常说"世界上没有任何相同的两场战争,也没有任何相同的两个作战仿真结果"。

（7）病态性。作战系统往往具有病态特征，即很难以一种严格的数学形式来对它进行定义和定量分析，从而导致作战仿真系统也具有病态结构，很难从空间和时间上加以分割，确定系统的边界和水平困难。

（8）模型粒度多样性。由于作战仿真的类型和层次不同，需要使用的仿真模型粒度也不一样，否则不能达到相应的逼真度要求和仿真效果。如在分队战术级仿真中，坦克模型的粒度应该建立在单车比较合理，工程兵模型的粒度建立在作业排或作业班；而在联合作战仿真中，坦克模型则建立在坦克营层次比较合适，工程兵模型的粒度建立在营或连即可。

对于基于 HLA 的分布式作战仿真系统，它还具备以下两个显著特点：

（1）互操作性（Interoperability）。互操作性是 HLA 作战仿真系统追求的第一目标，是指在没有预先约定数据通信路径的情况下，实现仿真系统各部件（如联邦成员和仿真组件）协调工作。互操作性可以确保仿真系统各部件能够进行交互，但实现正确交互的前提是仿真系统具有时空一致性。因此，互操作性和时空一致性将会使作战仿真系统复杂化。

（2）可重用性（Reusability）。可重用性是 HLA 仿真系统追求的第二目标。HLA 的接口规范和规则为实现 HLA 的可重用性提供了基础，但采用传统的联邦开发和运行过程（Federation Development and Execution Process，FEDEP）规范开发的 HLA 系统很难真正达到重用目标。为此，参考文献[1]等提出了采用组件化思想来设计和开发 HLA 作战仿真系统，能够在仿真组件层次上获得重用。在这一新的设计思想指导下，开发联邦成员不需要编写代码，在规划好以后，仿真系统运行时可以自动生成。但是，由于在生成过程中，多个组件之间需要交互许多信息，这样会加重仿真系统的运行负担。

综上所述，这些复杂性特点会给作战仿真系统的建设带来许多问题，如仿真需求分析不够完善、作战问题分解和求解困难、军事概念模型难以建准、高层作战仿真的艺术性建模原理和方法不正确、人的行为建模很难进行准确描述、模型粒度难以把握、信息域和认知域模型表示

困难、仿真过程计算复杂、仿真结果存在统计误差、整个仿真过程难以控制与管理、参与系统建设的各方人员不能有效沟通等,这些问题必将影响到作战仿真系统的可信性。

1.1.2　作战仿真 VV&A 及可信度评估

作战仿真是基于相似理论采用建模和物理方法对作战系统(或过程)的抽象、映射、描述和复现。因此,作战仿真必须严肃地回答及证实如下三个问题:①作战模型是否正确描述了实际的作战系统的外部表征和内在特性? ②作战仿真是否有效地反映了作战模型的数据、性状和行为? ③仿真结果是否实现了作战应用目标与用户需求? 这就是通常所说的作战仿真可信性问题,故国内外仿真界普遍认为"可信性是仿真科学与技术发展的生命线"。缺乏足够可信度的仿真没有实际意义,建立的仿真系统也毫无应用价值。王子才院士曾指出:"仿真可信度能否达到要求,直接影响到仿真系统应用的成败。"作战仿真关系到国防和军队的建设,对它开展可信性研究,十分必要。作战仿真的可信性主要体现在三个方面,即建模与仿真(Modelling and Simulation, M&S)过程的正确性、仿真结果反映作战系统的有效性,以及有关人员对 M&S 过程与仿真结果的信心,这些都可以由仿真全过程的 VV&A 来保证。因此,作战仿真 VV&A 主要包含三个方面的工作,即 M&S 过程校核、仿真结果验证及权威部门对模型与仿真系统的确认。

开展作战仿真 VV&A 研究,具有非常重要的理论意义和工程价值,具体体现在以下几个方面:

(1)作战仿真 VV&A 工作是伴随作战仿真系统开发的全过程而逐步进行,能够引领、指导、强制约束作战仿真系统的设计与开发,并对它进行持续全面的质量管理,主要表现如下:

① VV&A 是一门技术,即一套贯穿于作战仿真系统建设全过程的控制技术,能够确保系统的设计和开发过程始终朝着满足需求的方向前进,确保错误和缺陷在早期被发现。

② VV&A 是一个过程管理,即作战仿真满足需求的过程管理,在仿真的全过程中协调系统的需求方、开发方和上级主管部门,明确各自的责任和任务,为系统的应用提出适应性和局限性的明确建议。

③ VV&A 是一个道德规范,要求参与作战仿真系统建设的各方有明确的责任心,不但对系统当前的应用负责,也要对将来可能的应用负责,为仿真系统的共享和可重用努力。

④ VV&A 是一项重要的政策要求。美国国防部(Department of Defense,DoD)1996 年,公布了 DoD Instruction 5000.61《国防部 M&S 的校核、验证与确认》,明确要求其所属的 M&S 研究机构成立相应的 VV&A 政策指导小组,以提高 M&S 的可信度。有关 VV&A 的国际标准(IEEE1278-4)也于 1997 年公布。我国目前虽然还没有形成统一的仿真系统 VV&A 及可信度评估的标准规范,但军事部门都有仿真 VV&A 的政策要求。

(2)作战系统具有规模大、层次多、结构复杂、时空范围广、不确定性和整体涌现性等特点,导致作战仿真系统开发的风险大、周期长、费用高、对系统的使用信心不足等问题。通过对作战仿真全生命周期进行 VV&A,可以达到以下目的:

① 降低作战仿真系统的开发和使用的风险。VV&A 可以尽早地发现作战仿真系统是否满足用户需求以及 M&S 过程中存在的问题与缺陷,从而尽可能避免由于设计和开发过程中的缺陷和错误给仿真系统的应用带来损失和风险。

② 增强作战仿真系统开发与应用的信心。作战仿真系统的复杂性、高对抗性和不确定性导致作战模型难以建准、仿真结果不可信。作战仿真 VV&A 可以确保仿真系统开发的每一步都正确、仿真结果能够满足可信性要求,从而增强了仿真系统开发与应用的信心。

③ 缩短作战仿真系统的研制周期、节省开发费用。VV&A 可以确保系统开发按照正确的步骤有序进行,避免系统返工,缩短了时间。从表面上看,VV&A 工作会需要一定的费用(约为仿真系统开发费用的5%~15%),但如果设计存在错误需要返工、开发过程中出现问题需要重新修改以及作战仿真系统不能满足军事应用需求等,这些都会大大超过 VV&A 工作本身的费用;从长远来看,经过 VV&A 后的模型和仿真产品可以进行重用,降低了下一个仿真系统开发的成本。因此,VV&A 最终还是节省了费用。

(3)VV&A 工作可以促进文档资料的管理,增强了作战仿真的可

用性和重用性。

① 开发一个作战仿真系统会形成许多文档资料,包括系统设计开发及其评审文档、数据文档、参考资料等,VV&A 的一部分工作就是对这些文档资料进行搜集、管理与审查,同时每一项 VV&A 活动也会产生一些文档,所有的文档资料将为作战仿真模型与仿真系统的确认提供依据,还可以为模型与仿真系统的应用、改进和维护以及重用提供文档和数据支持。

② VV&A 的一个长期目标是让所有的作战模型与仿真产品能够尽量兼容、互操作和可重用。经过 VV&A 后的模型与仿真产品具有一定的可信性和权威性,可以存放在模型库或资源库中,为仿真系统的扩展和这些模型与仿真产品的重用提供有力保障。

(4) 作战仿真 VV&A 作为 M&S 理论的一个有机组成部分,对它开展研究可以丰富和完善作战仿真研究的理论体系,促进仿真技术的进一步发展,同时还可以促进软件工程、系统测试与评估等工作的深入开展。

(5) 作战仿真系统的建设需要许多的单位和个人参与,他们之间能否协调工作会对系统建设带来很大的影响,而 VV&A 活动将与每一个单位和个人的工作产生联系,加强与开发人员及单位之间的协调性,成为他们之间的联系纽带。

尽管 VV&A 研究具有非常重要的理论意义和应用价值,但当前国内对作战仿真 VV&A 的研究并不深入和全面,主要表现在以下方面:

① VV&A 理论研究存在不足。没有从宏观上建立一个有效的 VV&A 研究框架结构,缺乏从方法论的角度对 VV&A 研究进行指导,针对作战仿真 VV&A 的原则具体性不强,以及缺乏对 VV&A 的机制研究。

② VV&A 的描述形式单调,规范化程度不够。当前对 VV&A 的描述大多采用自然语言,导致 VV&A 的概念、过程描述缺乏规范化、标准化和形式化,各方人员对 VV&A 的理解困难,工作中不易沟通,VV&A 技术难以工程化应用。

③ 缺乏对作战仿真系统建设全过程 VV&A 及其应用研究。国内对一般系统仿真全过程的 VV&A 研究比较多,但对于基于 HLA 的作战

仿真系统 M&S 全过程 VV&A 研究很少,而且研究工作大多停留在理论层面,缺乏实际应用。

④ 对作战仿真系统可信度评估研究不全面。可信度评估的关键是建立可信度评估指标和使用合适的可信度评估方法。目前,国内还没有一套针对联合作战仿真模型的可信度评估指标体系,以及适合于作战仿真系统的可信度评估方法。

⑤ VV&A 标准化、规范性研究欠缺。当前,国内缺乏统一的 VV&A 指导性文件,各个部门及部门之间对 VV&A 标准也都未能达到统一认识,开展 VV&A 工作不规范,相互之间沟通困难。

⑥ VV&A 及可信度评估辅助工具亟需加强。虽然不少单位为了满足执行 VV&A 及可信度评估工作的需要,已经开发了不少软件工具,用于辅助具体仿真系统的 VV&A 及可信度评估任务,但大都不成体系,不能对 VV&A 及可信度评估工作的人员、流程、资源及方法进行自动化管理,还没有一个有效的 VV&A 及可信度评估应用的一体化工作平台。

基于上述分析,本书将对作战仿真系统开展 VV&A 及可信度评估研究,重点研究 VV&A 及可信度评估的相关理论和方法及其应用。

1.2 国内外研究的现状及发展趋势

作战仿真 VV&A 是针对作战仿真系统可信度评估而实施的一项活动,贯穿于作战仿真系统建设的全生命周期中,其意义和作用十分重大,在仿真界引起了高度重视。经过近 60 年的发展,VV&A 技术已成为系统 M&S 技术中的一个重要部分,受到各个部门(特别是国防部门)的高度重视,正从局部的、分散的研究向实用化、自动化、规范化与集成化的方向发展。

1.2.1 国外研究的现状

国外深入研究 VV&A 的国家和地区主要有美国、欧洲和加拿大等,其中以美国最为突出,其研究的特点可以概括为起步早、范围广、成果多、系统性强、规范性好等,归纳起来,大致可以分为四个方面。

1. 理论性研究

VV&A 的理论性研究主要包括概念、原则、过程等方面的研究。VV&A 理论的发展历程是一个从简单到复杂、从片面到全面、从部分到整体,内容不断充实和完善的过程。

国外对 VV&A 研究最早开始于对仿真模型的校核与验证(Verification and Validation, V&V),至今有近 50 年的历史。在 20 世纪 60 年代仿真应用的初期,为了消除人们对利用模型代替实际系统进行仿真实验的可信性的怀疑,Biggs 和 Cawthore 等就对"警犬"导弹仿真进行了全面评估。兰德公司的 Fishman 和 Kiviat 明确指出仿真模型有效性研究可划分为模型校核和模型验证两部分,这一观点被国际仿真界普遍采纳。从此,VV&A 研究的概念和内容逐渐变得清晰起来。Mihram 将模型开发过程分为五个步骤,即系统分析、系统集成、模型校核、模型验证和模型分析,首次将模型的 V&V 作为仿真工作的一个有机组成部分。Shannon 强调模型的校核必须评估仿真模型的内部一致性,模型的验证必须评估仿真模型的外部特性,模型的有效性问题应从建模人员、评估人员和用户三个不同的角度来考虑,模型能否最终被接受必须得到三方面的确认(Accreditation)。Zeigler 在《建模与仿真理论》一书中把模型有效性分为三个等级,即复制有效、预测有效和结构有效。20世纪 70 年代末开始,夏季计算机仿真会议(SCSC)开始将模型 VV&A 列为一项专门议题。此后,各类仿真会议(如美国春季仿真会议、冬季仿真会议 WSC、欧洲仿真会议、亚洲仿真会议及 SIW)、国际自动控制联合会(IFAC)世界大会、高性能计算机会议、美国军事运筹学会议(MORS)等都安排了仿真 VV&A 的专题讨论。同时发表在"Simulation"、"Operations Research"、"Communications of the ACM"、"Management Science"、"Simulator"等国际杂志上的有关文章也越来越多。此外,来自工程界相当数量的技术报告也纷纷涉及到 VV&A 问题。

20 世纪 80 年代以后,随着大型复杂仿真系统的开发与应用,仿真 VV&A 的难度在不断增加,这就迫切要求建立全面、科学和有效的 VV&A 过程与机制。因此,VV&A 过程的研究便引起高度重视。

Osman Balci 等学者认为 VV&A 应贯穿于系统仿真的全生命周期中,他们将仿真的全生命周期划分为仿真开发的 10 个阶段和 13 个

VV&A 过程,并提出了一种综合所有步骤的评估结果以形成一个量化衡量指标的思路,后来又指出 VV&A 过程中应该有一个完善的 VV&A 工作计划;美国国防部 DoD 的《Verification, Validation and Accreditation Recommended Practice Guides, VV&A RPG》(VV&A 实践指南)提出了 12 条原则指导 VV&A 过程,把仿真系统生命周期中的 VV&A 工作划分为确定需求校核、制定 VV&A 计划、概念模型验证、系统设计 V&V、系统实现 V&V、系统应用 V&V、系统确认 7 个主要阶段;Jean Graffagnin 和 Simone Youngblood 提出了一个围绕 HLA 的联邦开发与运行过程来开展 VV&A 活动的过程,认为 VV&A 应贯穿于建模与仿真的全生命周期,提出了分布交互仿真 VV&A 的九步参考模型;Ernest H. Page 等对采用 ALSP 协议的联合作战联邦系统进行了 VV&A 过程研究;Dale K. Pace 等对美国海军建模与仿真的 VV&A 过程进行深入研究,并在海军内部的仿真 VV&A 中得到了很好应用;Michael L. Metz 等以联合作战系统(JWARS)的 VV&A 过程为例,对规划 VV&A 计划执行 VV&A 过程、报告 VV&A 结果中的各种经验和教训进行了深入探讨。

在 VV&A 理论研究方面,比较有代表性的工作如下:

Osman Balci 等学者对 VV&A 进行了系统研究,研究内容主要包括:提出了数据有效性的概念,明确地指出有效的数据是建立和验证仿真模型的基础;在总结有关研究资料的基础上提出了仿真模型校核、验证与测试(VV&T)的 15 条原则,可以作为 VV&A 的重要参考;提出了 13 条指导 VV&A 研究与实践的策略与方向,并指出应该拓宽 VV&A 的研究视野,强调 VV&A 研究从产品精度研究向产品质量研究、仿真系统的 VV&A 应该向质量管理等方向发展;研究了对于复杂大系统仿真的可信度评估,在定量评估存在困难的情况下,应该采用定性的方法进行评估,并就定性评估方面的问题进行了深入探讨。

Robert G. Sargent 等学者对 VV&A 理论及过程等方面做了大量的研究工作,主要包括:指出模型 VV&A 过程应该与开发过程相对应,并提出了一些模型验证的技术;提出了 V&V 的理论和决定模型有效性的因素,并给出了四种求取模型有效性的方法与技术。

Candace L. Conwell 和 Marcia A. Stutzman 将软件能力成熟度模型(CMM)应用到模型 VV&A 中;Dale K. Pace 对仿真模型定性验证的方

10

法与技术进行了研究,并给出了一些求取模型可信性的方法与途径。

但总的来说,VV&A 研究工作的进展还是比较缓慢。Balci 和 Sargent 曾先后两次进行了仿真可信度评估和 VV&A 方面文献的收集工作。第一次收集在 1980 年,共收集文献 125 篇。第二次收集在 1984 年,收集的文献数目达 308 篇。美国西北大学 Hoover 教授 20 世纪 80 年代初对与仿真有关的文献进行了统计,结果表明在有关仿真的论文中,提到 VV&A 的文献数目最多不超过论文总数的 30%,而绝大多数论文根本没有提到 VV&A 的问题。美国陆军导弹司令部负责仿真工作的 Holmes 博士在 20 世纪 80 年代初对北约成员国的 24 个主要仿真机构进行了一项调查,发现绝大部分机构在其仿真系统研制中没有系统地使用过 VV&A 技术。本书作者也对近几年 WSC、SIW、SCSC、亚洲仿真会议等各种仿真会议进行跟踪和研究,结果显示:仿真界对仿真可信性研究的重视程度在逐渐提高,VV&A 的研究论文数量在不断增多,VV&A 技术的应用范围也在不断扩大。

2. VV&A 的标准、规范研究

20 世纪 70 年代中期,美国计算机仿真学会(Society for Computer Simulation, SCS)成立了模型可信性技术委员会(Technical Committee on Model Credibility, TCMC),其核心任务就是建立与仿真 VV&A、模型可信性相关的概念、术语和规范。这是 VV&A 研究的一个重要里程碑,表明该领域的研究已经进入了规范化和组织化阶段。

随着分布式仿真技术发展起来以后,美国国防部对仿真系统应用的需求和依赖性逐渐增加,对仿真系统的可信性提出了更高的要求;同时,更加强调仿真系统的交互性和重用性,VV&A 在仿真系统建设中的作用更显突出,迫切需要建立规范来指导 M&S 的 VV&A 工作。20 世纪 90 年代以来,VV&A 的体系及标准规范研究已经成为了 VV&A 研究的又一个重点,许多政府、军队、民间部门及学术机构都成立了相应的 VV&A 组织。美国国防部于 1991 年设立了国防建模与仿真办公室(Defense Modeling and Simulation Office, DMSO),并指定其负责 M&S 的正确性与仿真结果的可信性工作。美国国防部 5000 系列指令(DoD Directive)提出了关于国防部武器装备采购的新规范和要求,要求国防部所属的各军兵种制定相应的 VV&A 规范,以提高 M&S 的可信性水

平。1996 年,DMSO 成立了一个军用仿真 VV&A 工作技术支持小组,负责起草国防部《VV&A Recommended Practice Guide, VV&A RPG》(VV&A 建议实施指南),同年 11 月完成了该规范的第一版,并于 2000 年出版了第二版,当前版本为 2006 年 11 月完成修订的 3.0 版,这是目前关于仿真 VV&A 最为全面的工具书;2002 年 10 月在美国召开的"21世纪 M&S 校核与验证的基础"的国际会议上对 VV&A 问题进行了总结与展望,并组织各部门对"VV&A 建议规范"的第二版进行了修订,随之将其推荐为 IEEE 标准。在此期间,1997 年 IEEE 通过了关于分布交互仿真 VV&A 的建议标准 IEEE1278.4,这是关于大型复杂仿真系统 VV&A 的一个较为全面的指导。在 VV&A RPG 的指导下,美国陆军 AMSO(Army Model & Simulation Office)负责制定了规程 5 - 11AR5 - 11 和 DA Pam 5 - 11,空军 XIWM(Modeling and Simulation Policy Division)负责制定了 AFI 16 - 1001,海军 NMSO 负责制定了 SECNAVINST 5200.40 & VV&A Handbook,导弹防御局 Missile Defense Agency, MDA)制定了 MDA Core Model VV&A 规范等。此外,在航空航天、机械工程、核联盟、工程计算等领域也都建立了相应的 VV&A 标准与规范。Simone Youngblood 等对 VV&A 的标准、规范研究做了大量的工作,主要包括:对仿真模型的度量和可接受性标准等方面进行了系统研究,并提出模型确认标准;呼吁美国陆军、海军、空军、海军陆战队及各种学术机构应该将 VV&A 标准进行统一,便于 VV&A 工作的开展与交流;总结了 VV&A 可接受性标准的 9 条经验教训,并提出了 VV&A 的标准化。

英、法等西欧国家的 VV&A 标准化研究也紧随其后。2001 年,英、法国防研究组织(Anglo - French Defense Research Group, AFDRG)资助了一项 VV&A 框架研究项目,对两国间相关领域所遵循的 VV&A 共性问题进行研究。加拿大国防部合成环境协调办公室(DND SECO)于 2003 年 5 月制定和发布了《M&S VV&A Guidebook》(建模与仿真 VV&A 指南),该指南成为加拿大防御体系的 M&S 发展和应用中普遍使用的 VV&A 指导手册。与此同时,北约(NATO)和 SISO(The Simulation Interoperability Standardization Organization)也开始了 HLA 联邦的 W&A 规程的研究和制定工作。2005 年前后,欧盟各国、澳大利亚、日本等国家也纷纷针对各自的仿真项目建立了 VV&A 标准和计划,并要

求在仿真项目中严格执行,VV&A 对于仿真系统的重要意义已经提升到了一个空前的高度。总的来说,VV&A 的标准化工作极大地促进了 VV&A 技术在各个领域仿真系统可信度评估工作中的应用。

3. VV&A 及可信度评估的方法与技术研究

VV&A 方法与技术研究最早可追溯到 20 世纪 50 年代末的 Biggs 和 Cawthorne 对"警犬"导弹系统仿真的评估。20 世纪 60—70 年代,Van Horn、Naylor、Finger、Kheir、Griner 等多位学者分别使用了如灵敏度分析法、相关系数法、相似性系数法、Theil 不等式法、方差分析、因素分析和一些非参数检验等方法对仿真结果进行了分析和验证。经过近 20 年的发展,到 20 世纪 80 年代时,对 VV&A 及可信度评估方法与技术的研究已经取得比较丰富的成果。

1980 年,Schruben 提出了图灵检验法(Turing Test),在领域专家事先并不清楚数据具体来源的前提下,让其区分同一输入条件下仿真系统与真实系统的结果数据,若其不能够有效区分两组数据,则仿真系统的可信度上升。同一时期,Montgomery 较早应用频谱分析方法对导弹系统的仿真模型进行验证,并运用经典的傅里叶方法估计频谱。1984 年,Holmes 提出了确定模型动态特性置信度等级的 CLIMB(Confidence Levels in Model Behavior)方法,并于 1986 年针对导弹系统模型的验证总结开发了一种十分有效的分析工具——随机工具箱,该工具箱包含的方法有对照比较法、专家评定法、半实物仿真法、CADET 法、Monte Carlo 法、TIC 指数法、数据图法、均值和方差检验法、假设检验法、数据覆盖法、频谱分析法、回归分析法等;Hess 提出了最优时间匹配法来验证实时仿真系统的输出结果;Gledhill 提出使用计算机辅助工具(CASE)来验证复杂的仿真模型与系统;Osman Balci 等对 VV&A 的方法和可信度评估方法进行了大量研究,提出了模型验证的各种方法及其分类,主要有静态分析、动态测试、约束分析和理论证明等,并将研究的方法应用于仿真系统可信性研究中;Robert G. Sargent 等学者对 V&V 的方法与技术方面做了大量的研究工作,主要包括:提出了模型验证的方法主要有图灵测试法、灵敏度分析法、极端条件测试法、统计检验法、主观有效性检验等;给出了多种仿真模型 V&V 方法与技术的定义,并提出了四种求取模型有效性的方法,并针对具体应用提出了许多新

的 V&V 技术;DMSO 的《VV&A Recommended Practice Guide》列举了可用于仿真系统的校核与验证的 76 种方法及 18 种统计技术;Naylor 和 Finger 提出了许多对于静态输出特性的验证方法,如方差分析、因素分析和一些非参数检验。

4. VV&A 工具及应用研究

VV&A 理论、方法与技术的成熟,为 VV&A 工具及应用研究奠定了基础。比较有影响的 VV&A 工具包括:1986 年,Holmes 针对导弹系统模型验证开发的随机工具箱;仿真测试工具(Institute for Simulation and Training,IST),它为 SIMNET 开发的 CGF Testbed 中测试了 41 个系统的互操作性;随着 HLA 技术的推广,研究了一些基于 HLA 的测试与评估工具,如乔治亚州教学研究协会(Georgia Tech Research Institute,GUTRI)开发的联邦校核工具(Federation Verification Tool,FVT),用于校核联邦成员的更新/反馈和发送/接受响应;Aegis 公司的联邦成员测试工具 FedProxy,该工具可通过用户定制的方式现场生成辅助测试成员,以检测所被测成员的 I/O 性能;MÄK 公司的 Data Logger 为用户提供了专用的应用程序接口(API),可借助 Matlab 的数据处理工具包对所采集的数据进行分析和处理;STRICOM 委托 GEORGIA 开发了 FTS(Federation Test System)以支持 HLA 联邦的测试;Robert O. Lewis 研制了 VV&A 的费用预算工具(Cost Estimating Tool,CET),对仿真全过程 VV&A 的费用进行估算;美国海军 NMSO 开发了 VDT(VV&A Documentation Tool),用于辅助用户编辑和生成 VV&A 工作文档,经过不断地修改和完善,该工具已在 2008 年推出正式版。另外,还有许多 VV&A 商业工具软件:①分析与设计工具,如 Rational Rose,AxiomSYS、形式化的建模语言、编译器、汇编器和调试器等;②代码测试工具,如 ISOA、GDPro、WinA&D、LDRA Testbed 及集成运行校核工具 FTS 等;③数据验证工具,如数据库管理系统(DBMS)、数据操作工具(如 Matlab、Excel)等。

到 20 世纪 80 年代以后,VV&A 的应用研究成为研究的主要方面,其应用主要包括:1981 年,Graves 等人对"爱国者"防空武器系统的制导系统进行了验证;1988 年,Gravitz 对复杂的六自由度导弹系统混合仿真和半实物仿真进行了全面的 VV&A 研究,并以"海麻雀"导弹为背

景给出了一个完整的应用范例;1989年,Krishnakumar运用飞行试验数据重构的方法,验证UH-60直升机的非线性模型;1994年,Schkolnik应用基于频率域的系统辨识方法,通过飞行试验数据验证了F-15战斗机的数字仿真模型;1996年,Bonner通过误差分析,比较每个气动力参数的误差范围的方法对美国海军的F/A-18A/B/C/D战斗机的气动模型进行了全面系统的验证;Balderson利用线性化模型比较的方法验证了V-22 Ospery直升机的仿真模型;1997年,Sabatini对小卫星的姿态控制系统的模型进行了验证;Thomson应用逆系统仿真验证直升机的数字仿真模型;Randy Saunders将模型V&V方法应用到千年挑战2002(MC02)系统中;Osman Balci等将VV&A研究应用到仿真概念模型验证中,获得了较好的效果。此外,美国国防部门的BGS(Battle Group Simulation)、LDWSS(Laser Designator/Weapon System Simulation)、千年挑战2002(MC02)等系统都经过了校核与验证。新世纪以来,尤其是在2007年8月重新修订国防部指令5000.59以及颁布《国防部建模与仿真战略远景目标》(Strategic Vision for DoD Modeling and Simulation)之后,美国国防部要求其下属的所有建模与仿真项目都必须开展VV&A工作。

1.2.2 国内研究的现状

国内在VV&A及可信度评估研究方面,可以概括为起步较晚、工作分散、发展缓慢、规范性不足。但自从20世纪80年代以后,仿真工作者对VV&A及可信度评估研究也日益重视起来,开展了许多有益的工作,主要表现在以下两个方面。

1. 理论、方法研究

在我国,主要是紧密跟踪国外的先进技术,并结合国内工程实际,在院校和科研机构广泛开展VV&A理论、方法研究,比较突出的成果包括:国防科技大学分别以导弹仿真系统和HLA仿真系统为背景进行了可信性研究和VV&A的理论、方法研究,对可信度评估理论和方法进行探讨,对概念模型进行分析与验证,对仿真软件进行测试研究等;北京航空航天大学、哈尔滨工业大学等对分布交互仿真的VV&A进行了概念、过程、指标和工具等研究;国防大学在作战仿真的可信度评估

理论与方法方面做了大量的研究工作;军事科学院在作战仿真的可信度评估指标体系方面进行了系统研究;西北工业大学对水下航行器系统仿真的可信度评估展开了系列研究;北京理工大学、航天科工集团第二研究院、第三研究院等单位结合工程实际,对复杂仿真系统的 VV&A 方法和可信度评估方法都进行有益的探索;空军工程大学、合肥工业大学等在建模与仿真 VV&A 原则及术语的规范化方面进行了一些探索性研究;我军的装备部门和作战部门也相继制定了一些 VV&A 标准,如《目标与环境特性建模 VV&A 通用要求》、《作战模拟 VV&A 标准》及《军用软件验证和确认》等,但还未能在全国范围内推广实行。

具体而言,主要有以下几个方面的研究:

(1)对仿真 VV&A 进行了综述性研究,分别从概念、意义、目标、原则、过程、方法与技术等方面对 VV&A 进行了梳理与研究,并结合国内研究实际,初步提出自己的见解;

(2)从宏观的角度对国内外仿真 VV&A 的现状与未来进行了探讨,指出了我国与国外研究的差距,并指明未来 VV&A 研究的发展方向;

(3)对系统建模与仿真的 VV&A 过程进行了研究,并将 VV&A 过程在某一具体的仿真领域中得到应用,达到了预期效果;

(4)对概念模型验证的过程、方法与技术进行了深入探讨和研究,提出了概念模型验证的基本过程、验证指标,以及验证技术与方法等;

(5)对仿真模型 V&V 的理论、方法、技术及其应用进行了研究,这是国内 VV&A 与可信度评估研究最多的,目前已渗透到仿真的各个领域中;

(6)对系统 M&S 的可信度评估理论、方法与技术,以及系统测试与评估等方面进行了深入研究,有针对性地提出了仿真系统可信度评估的基本理论、评估指标体系、评估方式、方法与技术;

(7)对 VV&A 术语、标准和规范进行了初步研究,参考国外的研究情况,提出了针对我国国情的 VV&A 标准与规范;

(8)对 VV&A 及可信度评估工具进行了深入研究,设计开发了一些实用的工具软件,并将这些工具在实际工作中加以应用,取得了一定的成效。

王维平教授等[2]的《仿真模型有效性确认与验证》是国内第一本全面介绍模型有效性的专著;廖瑛教授等的《系统建模与仿真的校核、验证与确认(VV&A)技术》以导弹系统仿真为背景,系统深入地研究仿真系统 VV&A 的理论、技术与方法,是目前国内比较全面介绍 VV&A 技术的著作;刘兴堂教授等的《复杂系统建模理论、方法与技术》中也用了一定的篇幅研究了大型复杂仿真系统的 VV&A 及可信度评估问题,内容涉及 VV&A 的工作模式、技术框架、方案设计,以及可信度评估方法及其应用。

2. VV&A 及可信度评估工具研究

近年来,国内建立了许多仿真系统,针对不同的应用背景和需求在 VV&A 工具方面也进行了许多研究,并取得一些可喜的成果,比较有代表性的工作包括:①国防科技大学机电工程与自动化学院已经开发了一系列的 VV&A 工具,主要针对于分布式仿真系统的校核与验证,以及半实物仿真的验证软件和可信度综合评估软件,如数据分析软件 KD – Analysis 和 HLA – Datalogger、联邦校核工具 KD – FVT、数据采集工具 DCT、成员一致性测试与评估工具 KD – FCT、导弹系统时序分析和试验鉴定软件 TSSS、相容性检验软件包、可信度评估软件包、VV&A 流程自动化管理工具、武器系统 Bayes 可靠性评估软件 SBRA 等;国防科技大学信息与管理学院开发了"兵书"系列软件,可用概念模型验证,还有用于武器系统测试与评估的系列软件。②哈尔滨工业大学研究和开发了针对于分布交互仿真系统的 VV&A 工具平台、联邦集成测试平台(FITP)、DIS 测试评估辅助系统(DTEAS)及一体化集成平台工具 DisT&E&CSCW,主要用于对复杂大系统仿真的 VV&A 及辅助测试评估。③西北工业大学开发了 VV&A 软件工具库,包括模型库、数据库、方法库和知识库,用于管理各种资源和模型 VV&A。其他的 VV&A 软件还有许多,由于种种原因,在此就不再一一列举。

总的来说,国内的 VV&A 研究仍处于发展阶段,与国际先进水平相比,还有一定的差距:没有成立一个权威的 VV&A 部门和机构;VV&A 术语使用不统一,没有形成一套权威的 VV&A 标准与规范;对复杂大系统仿真的 VV&A 技术与方法研究不足;对仿真系统的 VV&A 研究主要集中在结果验证方面。但是,国内 VV&A 研究的发展势头良

好。经过统计,发表在国内的仿真刊物《系统仿真学报》、《计算机仿真》和《系统仿真技术》上的文章中,涉及 VV&A 研究的论文,2005 年不到 4%,2006 年达到了 5%,以后在逐年增加;而且在"系统仿真技术年会"和"建模与仿真高层论坛"等国内高级别的仿真会议上,也经常会有 VV&A 专题讨论。

1.2.3　发展趋势

VV&A 研究是从模型 V&V 基础上逐渐发展起来的,吸收了软件工程、系统工程及质量管理等方面思想,为提高仿真系统的可信性而产生的一套研究理论、方法与技术。随着仿真系统的规模日益扩大和复杂程度的逐步增加,VV&A 的难度在不断增加、要求也在不断提高。因此,复杂仿真系统特别是基于 HLA 的仿真系统的 VV&A 研究应成为今后 VV&A 研究的重点。未来的 VV&A 研究将会呈现以下发展趋势。

1. 进一步完善 VV&A 理论体系

从国内外 VV&A 研究的现状来看,VV&A 理论研究主要涉及 VV&A 的概念、意义、原则及过程等方面,VV&A 机制、VV&A 研究的框架结构及方法论等方面研究很少,甚至根本没有涉及到,导致 VV&A 理论体系不够完善。其次,现有的 VV&A 理论不能很好地支持复杂系统仿真的 VV&A 研究,缺乏对定性仿真、不确定性仿真和组件化仿真的 VV&A 理论及可信度评估理论。另外,现有的 VV&A 理论局限于确保 M&S 产品的精度要求,忽视了对 M&S 产品的质量保证。

2. 研究和探索适合于复杂仿真系统的 VV&A 方法与技术

复杂系统仿真是仿真技术的发展方向。当前,复杂仿真系统设计与开发大都应用了本体论、面向对象和组件化等技术,现有的 VV&A 方法与技术无法对这些对象开展有效的 VV&A 工作,缺乏对仿真组件的互操作性、可重用性和组合有效性的 V&V 方法。另外,为了对定性仿真及不确定性仿真进行 VV&A,应该将各种先进非线性、智能化处理方法(如神经网络、模糊推理、人工智能及专家系统等)应用到复杂仿真系统 VV&A 及可信度评估研究中。对于作战仿真而言,当前出现了一些研究热点,如多分辨率建模、人类行为描述与表示、人类心理描述与表示、多 Agent 建模及自适应仿真等,对于这些仿真过程及产品的

VV&A 方法与技术,目前还比较缺乏,需要进行研究和探索。

3. 研究合适的 VV&A 自动化及一体化工具

复杂仿真系统的 VV&A 是一项复杂而艰巨的工作,需要有一套合适的自动化工具支持,以提高其工作效率。该工具需要具备多个功能:①能够对 VV&A 流程进行有效管理,以提高 VV&A 工作的标准化、规范化及自动化水平;②能够对 VV&A 资源进行全面管理,包括人员管理、文档管理及数据管理等,以确保 VV&A 资源被有效监控;③能够对 VV&A 和可信度评估工作提供方法、技术和计算支持,以提高 VV&A 的工作效率。

针对我国 VV&A 研究的现状,还应该作好以下的工作:

(1) 成立专门 VV&A 技术及其管理的权威机构,制定我国通用的 VV&A 标准和规范,使 VV&A 及可信度评估工作向标准化、规范化和产品化方向发展;

(2) 对仿真系统 VV&A 发展中的关键问题进行攻关,尽快使我国的 VV&A 技术与世界先进国家接轨,并积极推广 VV&A 技术在仿真系统建设过程中的应用,以提高仿真系统的可信性水平。

1.3 本书概貌

1.3.1 主要内容

综上所述,仿真系统可信性研究的内容十分丰富。本书针对作战仿真系统可信性研究的特点,主要从 VV&A 总体、VV&A 过程、可信度评估及应用四个方面展开研究。因此,本书的体系结构如图 1-1 所示。按照上述的主要研究内容,本书共分为 7 章,其中主体内容可以分为 6 章(第 2~7 章)。第 2 章是从总体上对作战仿真 VV&A 进行研究,第 3、4、5 章是从形式化建模和 VV&A 组织与实施两个方面对 VV&A 过程展开研究。

各章的具体内容如下。

第 1 章为绪论。首先介绍了本书的研究背景,提出本书研究的必要性,引出本书需要解决的问题;接着在总结了目前国内外 VV&A 研

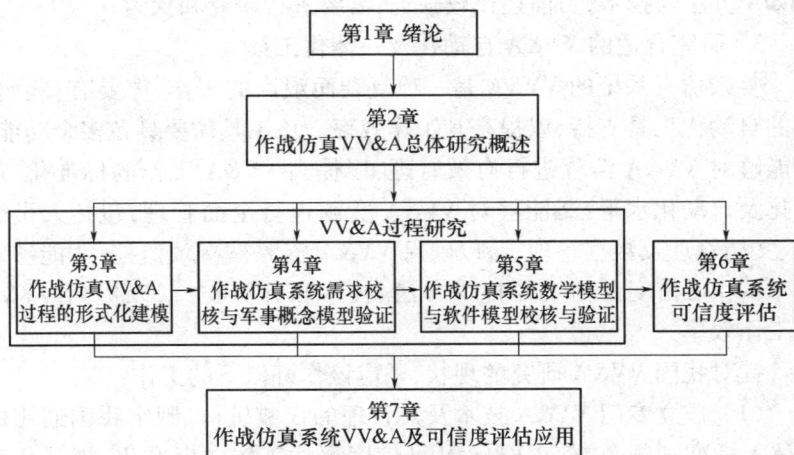

```
┌─────────────────────┐
│  第1章 绪论          │
└─────────────────────┘
          │
┌─────────────────────┐
│      第2章           │
│ 作战仿真VV&A总体研究概述 │
└─────────────────────┘
```

VV&A过程研究

| 第3章 作战仿真VV&A 过程的形式化建模 | 第4章 作战仿真系统需求校核与军事概念模型验证 | 第5章 作战仿真系统数学模型与软件模型校核与验证 | 第6章 作战仿真系统可信度评估 |

第7章
作战仿真系统VV&A及可信度评估应用

图 1-1 本书的体系结构

究现状的基础上,提出了 VV&A 研究的发展趋势;最后介绍本书的概貌。

第 2 章为作战仿真 VV&A 总体研究概述。在阐述作战仿真 VV&A 及其相关概念的基础上,首先从宏观上对作战仿真 VV&A 的框架结构进行研究,提出作战仿真 VV&A 研究的四层框架结构;其次借鉴复杂系统研究方法论,提出指导作战仿真 VV&A 的综合集成、VV&A 立方体及 WSR 三种方法;再次针对作战仿真研究的实际,提出相应的 VV&A 原则与过程模型;最后从人员机制和任务分解机制两个方面对作战仿真 VV&A 的机制展开研究。

第 3 章对作战仿真 VV&A 过程进行形式化建模。首先分析作战仿真 VV&A 建模的必要性,并对作战仿真 VV&A 过程进行面向对象设计;其次基于 UML 对作战仿真 VV&A 过程分别从用例、静态结构、动态行为及交互等方面进行形式化建模,并建立用例图、类图、活动图及顺序图模型;再次基于 UML 对 VV&A 过程管理分别进行用例、静态结构及动态行为建模,并在此基础上,建立包含活动代理的 VV&A 过程管理模型;最后为了能够对作战仿真 VV&A 的过程进行全面描述,基于 IDEF0 对 VV&A 过程进行形式化建模,并进行形式化描述。

第 4 章为作战仿真系统需求校核与军事概念模型验证。作为本书的重要内容之一,本章首先分析需求校核的重要性,提出作战仿真系统需求校核的方法、策略和指标,并着重从语法和语义两个方面对需求的一致性进行校核,并对需求语法一致性校核进行形式化描述;接着对军事概念模型验证进行形式化描述,提出军事概念模型验证的步骤、方法与指标,重点介绍军事概念模型验证的方法和验证指标。

第 5 章为作战仿真系统数学模型及软件模型校核与验证。作为本书的又一个重要内容,该章首先对作战仿真系统的数学模型进行分类和形式化描述,提出数学模型的校核机制、方法与指标,并从数学模型的验证方法与指标两个方面对数学模型验证进行研究;其次重点对软件模型进行 V&V,分析作战仿真系统软件模型的层次结构,研究软件模型的 V&V 方法与技术,从仿真软件单元、软件部件和仿真系统三个层面对软件模型的 V&V 过程进行了研究。

第 6 章深入研究作战仿真系统可信度评估问题。从辨析可信度评估与 VV&A 之间的关系入手,首先分析作战仿真系统可信度评估的类型,并从信息论的角度,应用问题规约法提出并比较两种常用的可信度评估方式;接着结合工程实际,建立一套作战仿真系统可信度评估指标体系;最后重点对可信度评估方法展开研究,在全面分析与比较已有的可信度评估方法的基础上,提出主观综合评判法和灰色关联综合法两种实用的可信度评估方法,并将两种方法加以应用。

第 7 章给出 VV&A 及可信度评估应用实例。首先介绍"XX 作战仿真系统"的基本建设情况,给出该仿真系统的组成结构,接着对该仿真系统的 VV&A 进行总体设计,最后将本书的研究应用于该仿真系统的 VV&A 工作中,并对每一个主要阶段都进行可信度评估。

1.3.2　主要特点

可信性研究是作战仿真研究的一个重要内容,也是当前国内外仿真界普遍关注的重点、热点和难点问题之一。本书对作战仿真系统的可信性问题展开了系统研究。具体而言,本书的主要特点可以概括为以下几点。

（1）从框架结构、方法论及机制等方面对作战仿真 VV&A 进行总

体研究。

① 提出了包含方法论层、理论层、技术层及应用层四个层次的作战仿真 VV&A 研究框架结构,从宏观上反映 VV&A 研究的主要内容及各部分内容之间的关系;

② 将复杂系统方法论应用于作战仿真 VV&A 研究中,并提出了 VV&A 的综合集成研讨厅、VV&A 立方体及 WSR 三种方法;

③ 结合工程实际,建立了一个有效的作战仿真 VV&A 的人员机制和任务分解机制,给出了 VV&A 任务分解算法。

(2) 基于 UML 和 IDEF0 对作战仿真 VV&A 过程进行形式化建模,实现了 VV&A 过程描述规范化、标准化以及 VV&A 工作可视化、结构化。

① 基于 UML 对作战仿真 VV&A 过程分别进行用例、静态结构、动态行为及交互等方面的形式化建模,建立了其用例图、类图、活动图及顺序图模型;

② 基于 UML 对作战仿真 VV&A 过程管理分别进行用例建模、静态结构建模及动态行为建模,并建立了包含活动代理的 VV&A 过程管理模型;

③ 基于 IDEF0 对作战仿真 VV&A 过程进行建模,并进行形式化描述。

(3) 从组织与实施两个方面对作战仿真系统的主要 VV&A 过程进行研究。

① 将软件工程中基于领域本体检验的方法应用于需求校核中,设计了需求与领域本体一致性检查的算法,提出了需求校核策略,对语法一致性校核进行了形式化描述;

② 给出了军事概念模型验证的形式化定义及包含语法、语义、语用及一致性验证的军事概念模型验证指标,设计了本体一致性验证算法;

③ 提出了数学模型的校核机制、方法与指标,归纳了一些比较实用的数学模型验证方法,提出了一个从行为水平、状态结构水平和复合结构水平三个层次对数学模型的有效性进行验证的方法;

④ 建立了作战仿真系统软件模型的层次结构,给出了三种面向对

象的软件模型 V&V 方法以及构造状态转换集算法,提出了从仿真软件单元、软件部件及仿真系统三个层面对软件模型进行 V&V 的方法。

（4）从评估方式、指标体系及评估方法等方面对可信度评估问题进行研究。

① 从信息论的角度,应用问题规约法,给出了作战仿真系统的两种可信度评估方式;

② 结合工程实际,设计了一套作战仿真系统可信度评估指标体系;

③ 提出了基于专长权的专家权重定量计算方法,突出了作战仿真系统可信度评估过程中不同主题专家的领域专业特长,确保了评估结果的客观性、准确性;

④ 提出了针对作战仿真系统可信度评估的主观综合评判法和灰色关联综合法两种实用方法。

（5）VV&A 及可信度评估技术应用。

依托"XX 作战仿真系统"的建设,将本书的研究成果综合应用于该系统建设的 VV&A 和可信度评估工作中。结果表明,本书的研究思路和方法是可行的、研究成果是有效的,有力地促进了该系统的顺利建设,并显著提高了系统的可信性水平。

第2章 作战仿真 VV&A 总体研究概述

作战仿真 VV&A 研究是一项综合性的研究课题,涉及内容十分丰富。为了全面深入研究 VV&A,首先需要从总体上对它进行规划,从全局的角度概括作战仿真 VV&A 的研究内容,进而指导 VV&A 工作顺利开展。

2.1 作战仿真 VV&A 及其相关概念

对作战仿真进行 VV&A 研究,必须首先明确 VV&A 的概念及其含义。VV&A 最早的权威说法来源于美国国防部,国内对它经过翻译以后,有多种称呼,其中在仿真界称呼最多的是"校核、验证与确认",本书也采用这种称呼。

定义 2.1 校核、验证与确认(VV&A):是指对仿真建模和仿真产品不断地进行评审、分析、评估和测试,以提高其可信性的过程。

由该定义可知,作战仿真 VV&A 是一个过程,它的主要元素是校核(Verification)、验证(Validation)和确认(Accreditation)。因此,作战仿真 VV&A 可以形式化定义为

$$VV\&A: = (Ver, Val, Acc) \tag{2.1}$$

其中,Ver 代表校核,是指确定作战仿真的模型或系统是否准确地表达了开发人员的概念描述和设计规范的过程。校核是一个反复迭代的过程,应该贯穿于作战仿真的全生命周期。所以,从作战仿真的全生命周期的阶段来看,校核是所有阶段校核工作的集合,它可以表示为

$$Ver = \bigcup_{i=1}^{n} Ver_i, i = 1, 2, \cdots, n \tag{2.2}$$

其中,Ver_i 为作战仿真的第 i 个阶段校核集合,则有 $Ver_i = \{Ver_1,$

$Ver_2, \cdots, Ver_m\}$。从集合的角度看，Ver_i 是 Ver 的一个子集，即 $Ver_i \subset$ Ver。对于某个作战仿真阶段而言，校核的内容是一定的，则 Ver_1，$Ver_2, \cdots, Ver_m$ 是 Ver 的一个划分，满足 $\forall i, j \in [1, n], i \neq j$，有 $Ver_i \cap Ver_j = \varnothing$。设某个仿真阶段的校核 Ver_i 内容的数量为 u_i，记为 $u_i = |Ver_i|$，则仿真过程中校核的总数量为 $u = |Ver| = \sum_{i=1}^{n} u_i = \sum_{i=1}^{n} |Ver_i|$。因此，作战仿真中的全部校核内容的数量可以记为 $Ver = \{Ver_1, Ver_2, \cdots, Ver_u\}$。

Val 代表验证，是指从作战仿真的模型或系统预期应用的角度出发，确定模型或仿真系统是否准确地表示真实军事世界的程度的过程。验证主要检验作战仿真的结果与真实军事世界或参考值的一致性程度。从作战仿真的全过程来看，仿真系统的验证是所有仿真阶段验证工作的集合，它也可以表示为

$$Val = \bigcup_{i=1}^{n} Val_i, i = 1, 2, \cdots, n \qquad (2.3)$$

其中，Val_i 为作战仿真的第 i 个阶段验证集合，则有 $Val_i \subset Val$。

全部校核与验证内容总量的计算对作战仿真 VV&A 如何分配资源、时间、人力及费用都将发挥一定的作用。

Acc 代表确认，是指军兵种作战部门及其上级部门对作战仿真的模型、仿真系统或模型与仿真系统组成的联邦可应用于特定目的进行认证，并做出正式证明的过程。作战仿真的确认与其应用目的紧密相关，只要能够达到足够的可信度要求就可以被确认，不要追求过高的可信度和逼真度。理想情况下，应该对作战仿真的每一个阶段的模型和仿真产品都进行确认，而且在前一阶段的模型和仿真产品经过确认之后才能进行后一个阶段的开发工作。

VV&A 之间有着十分密切的联系，它们是相辅相成的，贯穿于作战仿真的全过程。一般来说，校核侧重于对 M&S 过程的检验，可以保证作战仿真的每一步都有逻辑的完整性和正确性，它回答"是否正确地去建模与仿真？"的问题。而验证则侧重于对模型与系统的仿真结果的检验，它回答"是否建立了正确的模型或仿真系统？"的问题。验证的主要目的是为上级作战部门、仿真用户和开发人员等建立信心，确保

作战仿真系统能够达到预定功能、满足用户需要。确认则是在校核与验证基础上,由权威机构来最终确定作战仿真对于某一特定应用是否可以接受,它回答"模型或仿真系统是否可用和可信?"的问题。校核是验证的前提和基础,能够为验证提供范围和依据;验证是校核工作的深入,验证中发现了问题需要对验证对象进行修改,修改后还要再次进行校核;V&V 为确认提供证据和支持,只有通过了 V&V 后才能最终被确认。

定义 2.2 独立校核与验证(Independent Verification and Validation, IV&V):是指由不参与作战仿真的模型或系统开发的人员或机构对模型或仿真系统进行的校核与验证。

IV&V 可以确保 V&V 工作的客观性、公正性和有效性,本书所提及的 V&V 主要指 IV&V。

定义 2.3 可信性(Credibility):令用户确信作战仿真的模型和(或)仿真产品能按预想工作,给出的结果能支持预定分析或演习目的的特性。

作战仿真系统的可信性需要通过 M&S 全过程的 VV&A 来保障,它具有目的相关性、多因素性、客观性和多层次性等特点。

2.2 作战仿真 VV&A 研究的框架结构

从 2.1 节的概念辨析可知,作战仿真 VV&A 不仅是一个活动过程,而且也是一门伴随作战仿真系统研制全过程而实施的技术。要想对它进行系统研究,应该建立它的框架结构,从总体上概括 VV&A 的研究内容。作战仿真 VV&A 框架结构是 VV&A 研究的基本架构,能够在宏观上反映作战仿真 VV&A 研究的主要内容及其关系。建立一个合理的 VV&A 研究框架结构是顺利开展作战仿真 VV&A 研究的前提和基础。

在分析作战仿真 VV&A 研究的特点基础上,将作战仿真 VV&A 的研究框架结构分成方法论层、理论层、技术层、工具及应用层四个层次,如图 2 - 1 所示。

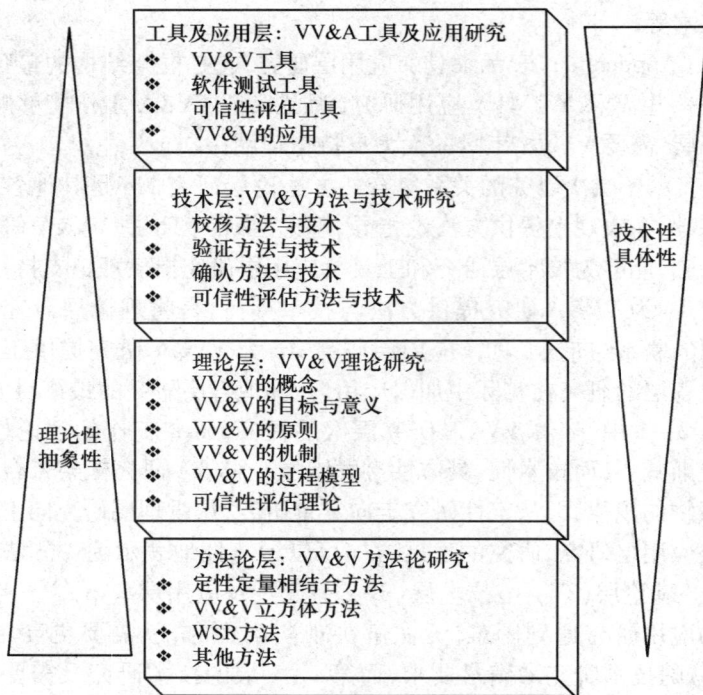

图 2-1 作战仿真 VV&A 研究的框架结构

作战仿真的 VV&A 研究的框架结构 VRA 可以用一个五元组来表示,即

$$VRA = < Me, Th, Te, Ap, R > \qquad (2.4)$$

其中:

Me(Methodology)表示方法论层研究,它是框架结构的最底层,是从方法论层面对 VV&A 进行研究,如从定性与定量相结合方法、VV&A 立方体方法、物理—事理—人理(WSR)方法等;

Th(Theory)表示理论层研究,它是次底层,主要对 VV&A 的基本理论进行研究,包括概念、目标与意义、原则、机制、过程模型、可信性评估理论等;

Te(Technology)表示技术层研究,主要研究 VV&A 的方法与技术,如校核方法与技术、验证方法与技术、确认方法与技术、可信性评估方

法与技术等；

Ap(Application)表示工具及应用层研究，它是框架结构的最顶层，主要是一些 VV&A 工具及应用研究，为了保证 VV&A 工作能够顺利、高效开展，需要 VV&A 工具的大力支持与辅助；

R 表示各层次研究的关系集合。方法论层研究 Me 是其他各层研究的基础，在宏观上提供方法论指导；理论层研究 Th 是 VV&A 研究的理论基础，能够为技术层研究和工具及应用层研究提供理论支持；技术层研究 Te 为 VV&A 研究提供方法与技术支持，是将理论层研究转化为应用的联系纽带；工具及应用层研究 Ap 为 VV&A 研究提供工具支持并将各层的研究在实际中加以应用，是其他各层研究的最终目的。

图 2−1 中，随着 VV&A 研究层次的提升，研究工作的理论性、抽象性逐渐减弱，而技术性、具体性愈发增强。VV&A 研究框架符合人们认识事物的规律，即从定性研究走向定量研究、从哲理层研究向上走向工具及应用层研究，研究的发展方向可以示意性地表示为"方法论层$(Me)_i \rightarrow$理论层$(Th)_i \rightarrow$技术层$(Te)_i \rightarrow$工具及应用层$(Ap)_i$"。当第 i 层上的应用研究遇到困难，无法解决现实问题时，就需要更高层（第 $i+1$ 层）的技术研究来满足要求，而第 $i+1$ 层的技术研究又需要在第 $i+1$ 层上的理论突破。

因此，作战仿真 VV&A 研究的发展方向可以大致描述为

$$(Me)_i \rightarrow (Th)_i \rightarrow (Te)_i \rightarrow (Ap)_i \rightarrow (Me)_{i+1} \rightarrow (Th)_{i+1}$$
$$\rightarrow (Te)_{i+1} \rightarrow (Ap)_{i+1} \rightarrow \cdots$$

2.3　作战仿真 VV&A 研究的方法论

方法论是指运用于某一特定知识领域的原则、方法和作业程序体系，用于建立整个问题求解框架。作战仿真 VV&A 是一项理论性、技术性和工程性极强的工作，作用的对象是复杂的作战仿真系统，具有复杂性特点，因而需要复杂系统方法论来指导。

通过研究，可以发现用于指导作战仿真 VV&A 研究的方法主要有：从定性到定量综合集成方法、VV&A 立方体方法、WSR（物理—事理—人理）方法、螺旋式推进系统方法（Spiral Propulsion System Method-

ology, SPIRO)、英国切克兰德提出的"调查学习"方法、美国在 20 世纪 80 年代末提出的"并行工程方法学"等。在实际的作战仿真 VV&A 中,需要将上述方法进行综合运用,以期取得最佳效果。

本节将复杂系统方法论引入到作战仿真 VV&A 研究中,从方法论的角度提出三种指导作战仿真 VV&A 研究的方法,即从定性到定量的综合集成方法、VV&A 立方体方法、WSR 方法。

2.3.1 从定性到定量的综合集成方法

1990 年,钱学森、于景元和戴汝为等专家首次把处理开放的复杂巨系统的方法定名为"从定性到定量综合集成方法(Meta – Synthesis)",简称为综合集成方法。

定义 2.4 定量方法:建立在客观主义的基础上,对 VV&A 对象的抽象化认识,采用数量度量或统计技术加以描述,并采用明确的量化方式表达,具有通用性、严格性和可验证性的特点。

定义 2.5 定性方法:建立在主观主义的基础上,对于一些不能采用数量描述的 VV&A 对象的研究方法。

定量方法和定性方法可以统一形式化描述为在前置条件和后置条件约束下的推理产物,即

$$\text{If} < \text{preconditions} > \text{Then} < \text{consequent} > \text{Provided} < \text{postconditions} >$$

$$(2.5)$$

如果前置条件和后置条件都是能够采用数量或数学模型方式描述的量化值,那么公式可以演化为定量方法,即

$$\text{QnM:If} < X > \text{Then} < y = F(X) > \text{Provided} < A >$$
$$< \text{CF} = B(y_1, y_2, \cdots, y_n) >$$

如果前置条件和后置条件是需要采用自然语言或非数量方法描述的定性值,公式可以演化为定性方法,即

$$\text{QnM:If} < \text{information/experiences} > \text{Then} < \text{consequent} > \text{Provided} < \text{conditions} >$$

定义 2.6 综合集成方法:通过将科学理论(如 VV&A 理论、可信度评估理论等)、经验知识和判断力相结合,形成和提出经验性假设,再利用计算机技术,实现以人为主,通过人机交互、反复对比、逐次逼近,实现从定性到定量的认识,从而对经验性假设做出明确的科学结论。

一般地,作战仿真的低层次仿真(如战术层和技术层)的重点在于技术层面,可以采用数学方法来近似解决仿真问题,对它们以定量方法为主、定性方法为辅开展 V&V 工作,而且可以将 V&V 结果作为高层作战仿真的输入;而高层次仿真(如战略层和战役层)的重点在于艺术层面,往往会产生"涌现性",很难用数学模型进行描述,无法进行定量 V&V,只能定性分析,再辅以软件测试进行理论验证。综合集成方法提出的"从对多方面的定性认识上升到对整体的定量认识"为作战仿真 VV&A 研究起到了很好的借鉴作用。

　　借鉴综合集成研讨厅体系(HWSME)思想,提出作战仿真 VV&A 研究的综合集成研讨厅结构,如图 2-2 所示。

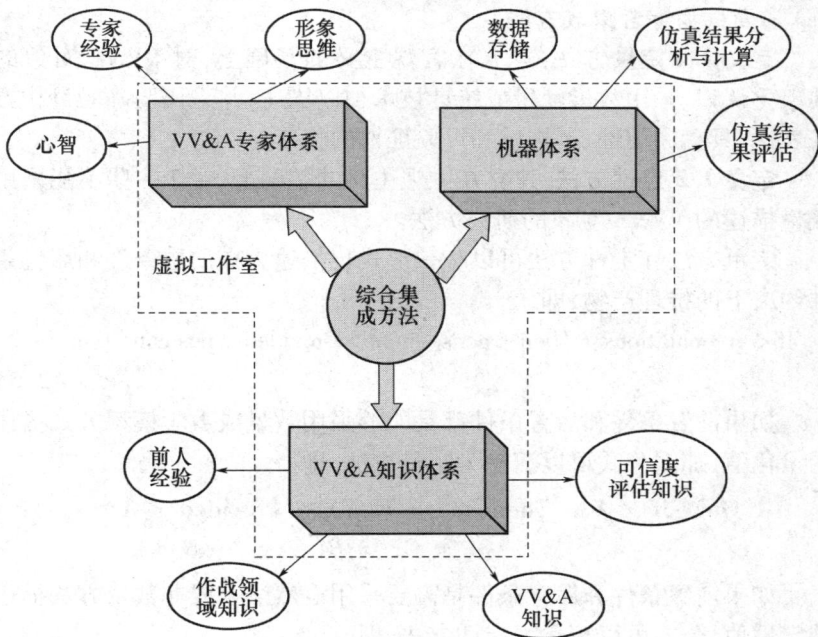

图 2-2　作战仿真 VV&A 的综合集成研讨厅结构

　　VV&A 综合集成研讨厅结构可以看作是一个由 VV&A 专家体系、机器体系和 VV&A 知识体系共同构成的一个虚拟工作空间。其中,VV&A 专家体系是研讨厅结构的主体和 VV&A 任务的主要承担者,专

家体系发挥的"心智"往往是问题求解的关键;由专家使用的计算机软硬件以及研讨厅提供的各种服务所构成的机器体系,能够为 VV&A 中的定量分析与计算、仿真结果评估和数据存储等发挥重要作用;VV&A 知识体系能够为 VV&A 工作提供领域知识、经验知识、VV&A 专业知识以及可信度评估知识,供 VV&A 人员使用。VV&A 综合集成研讨厅能够将这三个部分连接成一个整体,形成一个统一的、人—机结合的巨型智能系统。

2.3.2　VV&A 立方体方法

1969 年,美国工程师霍尔(A. D. Hall)提出了研究复杂系统的"三维结构",为作战仿真 VV&A 研究提供了很好的启示。下面将它进行拓展,给出作战仿真 VV&A 研究的"三维结构"——VV&A 立方体(VV&A Cube),如图 2-3 所示。

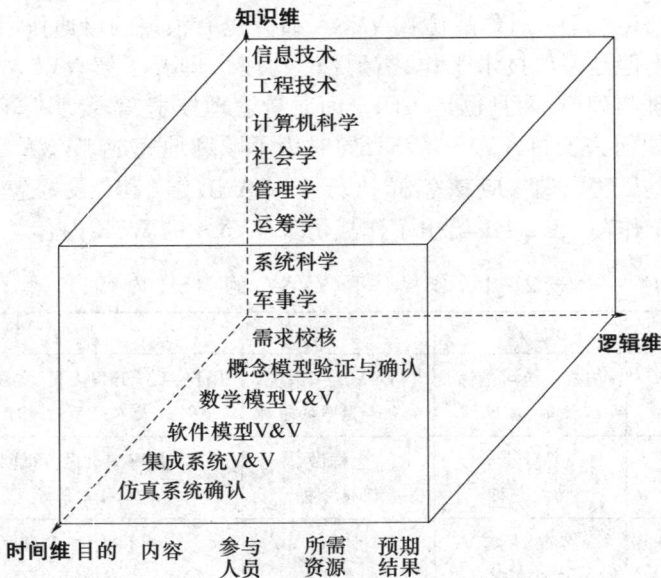

图 2-3　作战仿真 VV&A 立方体结构

作战仿真 VV&A 研究立方体结构(VRC)可以用一个三元组表示,即 $VRC = <L, T, K>$。

其中：

L 表示**逻辑维**（Logic）研究，是指每一个 VV&A 任务所要进行的逻辑步骤，包括目的、内容、参与人员、所需资源以及预期结果等方面；

T 表示**时间维**（Time）研究，是指 VV&A 的时间进程，即作战仿真 VV&A 的基本过程，它分为军事需求校核、军事概念模型验证与确认、数学模型 V&V、软件模型 V&V、集成系统 V&V 以及仿真系统确认等几个阶段；

K 表示**知识维**（Knowledge）研究，是指在开展 VV&A 活动中需要用到的各方面知识，主要有军事学、系统科学、运筹学、管理学、社会学、计算机科学、工程技术及信息技术等方面的知识。

2.3.3　VV&A 的物理—事理—人理（WSR）方法

20 世纪 80 年代中期，我国学者顾基发教授提出的"物理—事理—人理（WSR）方法"对作战仿真 VV&A 研究也有很好的启迪作用。因为 VV&A 不但是一项技术工作，需要懂"物理"，即要了解 VV&A 工作的基本原理与理论；而且也是一门全面质量管理技术，需要明"事理"，即要知道如何去安排 VV&A 活动；同时为了顺利地完成 VV&A 工作，还需要通"人理"，即"应该怎样执行 VV&A 工作"和"最好怎么执行 VV&A 工作"。表 2 – 1 给出了作战仿真 VV&A 的 WSR 内容。

表 2 – 1　作战仿真 VV&A 的 WSR 内容

	物理	事理	人理
对象与内容	仿真系统可信性 法则、法规	VV&A 组织系统 管理和做事的道理	用户、系统开发人员、主题专家等 为人处事的道理
焦点	是什么 功能分析	怎样做 逻辑分析	最好怎么做；可能是 人文分析
原则	客观、真实 追求真理	协调 追求效率	讲人性、和谐 追求成效
所需知识	自然科学	管理科学、系统科学	人文知识、行为科学

通过分析，可以提出作战仿真的 VV&A 研究的 WSR 三维视图，如图 2-4 所示。

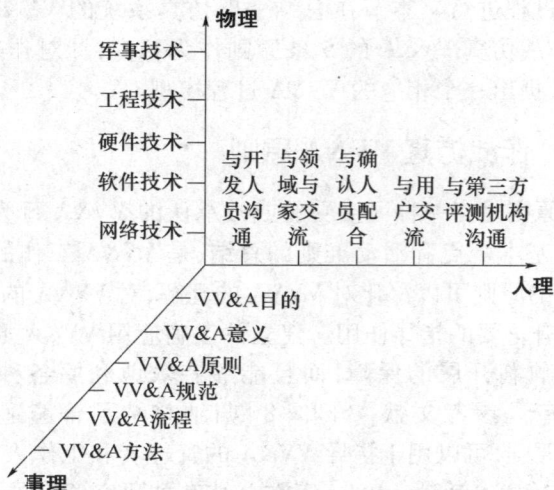

图 2-4　作战仿真 VV&A 研究的 WSR 三维视图

从 WSR 的角度，VV&A 研究的三维视图 Veiw（VRV）可以形式化描述为：VRV = < WL,SL,RL >。

其中：

WL 表示"**物理**"维，是指 VV&A 工作中需要知晓的多种技术知识，包括网络技术、软件技术、硬件技术、工程技术及军事技术等；

SL 表示"**事理**"维，是指在开展 VV&A 工作时应该遵循的道理，包括 VV&A 的目的、意义、原则、规范、流程及方法等；

RL 表示"**人理**"维，是指 VV&A 人员应该与哪些组织及相关人员进行沟通、交流、配合、协调，以最合理、最有效的方式完成 VV&A 任务，相关人员包括用户、仿真系统设计开发人员、主题专家、确认代理、第三方评测机构等。

2.4　作战仿真 VV&A 的原则与过程模型

作战仿真 VV&A 是一项伴随并贯穿于作战仿真系统建设全过程

的活动,是保证作战仿真的正确性和提高仿真系统可信性的最有效途径。作战仿真 VV&A 工作的顺利开展需要遵循一些基本原则,并按照一个规范的过程进行。本节在总结一般仿真系统的 VV&A 原则基础上,归纳了作战仿真 VV&A 的 5 条原则作为补充;针对作战仿真系统的开发过程,提出一个相应的 VV&A 过程模型。

2.4.1 作战仿真 VV&A 原则

VV&A 原则是指一种可接受的或被承认的 VV&A 行为或规则,是关于 VV&A 基本观点和活动准则的总结,是 VV&A 工作的指导方针。讨论 VV&A 的原则可以深化对 VV&A 的理解,对 VV&A 的理论研究和工程实践都有重要的指导作用。建立并正确应用 VV&A 原则,不仅是 VV&A 工作顺利开展的保障,而且能够有效地利用各种资源,提高 VV&A 的效率。参考文献[7]和[8]归纳总结了普遍适用的 12 条 VV&A 基本原则,可以用于指导 VV&A 的管理者和工作人员去管理和操作有关的 VV&A 活动。Balci 等在总结有关研究资料的基础上提出了仿真模型校核、验证与测试(VV&T)的 15 条原则,也可以作为仿真 VV&A 的有益参考。上述原则主要是针对一般仿真系统的 VV&A 研究而提出的,同样也适用于作战仿真的 VV&A 研究。但是,作战仿真 VV&A 除了遵循上述原则外,还应该遵循以下原则。

1. 全系统原则

作战仿真系统规模庞大,分系统及子系统数量众多,每一个分系统或子系统又可以细分为部件、组件、模块或单元,系统中的任何一个组成部分的不可信都将影响到整个系统的可信性。因此,必须对整个作战仿真系统将其各个组成部分都开展 VV&A 工作。

2. 伴随仿真系统建设全过程原则

VV&A 不是作战仿真生命周期的一个阶段或步骤,而是贯穿于仿真系统建设全生命周期的一项连续活动。系统建设中的任何一个步骤的不规范和不正确,都将影响到整个系统的可信性。因此,应该根据作战仿真系统全生命周期中的每一个阶段的研究内容和对实现应用目标的影响安排适合的 VV&A 活动,以发现可能存在的问题和缺陷,VV&A 工作必须伴随系统建设全生命周期。

3. 自下而上与由上而下相结合、逐层逐级实施原则

作战仿真系统的显著特点就是它的递阶层次性,主要表现在:(1)作战仿真可以分为技术层、战术层、战役层及战略层四层;(2)作战仿真系统具有多层次性,如 HLA 仿真系统可以分为仿真组件层、联邦成员层和联邦层三层;(3)作战仿真系统的 VV&A 机构应该分为多级结构,至少应该在分系统或子系统成立相应的 VV&A 小组,负责本单元的 VV&A 工作,在系统建设总体组建立 VV&A 组,负责整个系统的 VV&A 工作。VV&A 工作应遵循自下而上与由上而下相结合、逐层逐级实施的原则,确保整个作战仿真系统的可信性。

4. 所有研制人员全程具有 VV&A 义务的原则

理论上,VV&A 工作应该由独立于仿真系统开发之外的机构来完成,但参与建设作战仿真系统的每个单位和个人全程都有 VV&A 义务,具有 VV&A 意识,应尽可能证明自己的开发过程和研制产品都是可信的。同时,所有研制人员应该具有配合 VV&A 人员工作的义务。

5. 管理全方位的原则

作战仿真 VV&A 不仅是一项仿真技术,还是一门管理技术。管理全方位 VV&A 包含对人员的管理、模型的管理、数据的管理、文档的管理、规范的管理、VV&A 过程的管理,以及全程的质量管理。当 VV&A 技术发展到一定的阶段,对 VV&A 进行全方位管理是提高仿真系统可信性的一个主要途径。这一原则在美国等 VV&A 技术开展比较好的国家已经得到了充分证明。

2.4.2　作战仿真 VV&A 过程模型

每一项 VV&A 工作都是仿真系统全生命周期中的一项活动,所有的 VV&A 活动联系起来可以看成是一个 VV&A 过程。由于仿真系统越来越复杂,国内外仿真工作者都一致认为:只有对仿真的全过程进行 VV&A,才能确保仿真系统的可信性。因而,VV&A 过程研究也越来越受到高度重视。比较有代表性的研究有:Balci 等将仿真生命周期概括为 10 个阶段和提出了 13 个 VV&A 活动的过程模型,美国国防部《VV&A 建议指导规范》提出了一个将一般仿真系统生命周期中的 VV&A 工作划分为 7 个主要阶段的过程模型,Youngblood 等提出了分

布交互仿真 VV&A 的九步参考模型。这些 VV&A 过程模型都将对作战仿真 VV&A 过程模型的研究具有参考价值。

    定义 2.7VV&A 过程（VV&A Process）：VV&A Process 可以表示为五元组 < Participant, Input, Output, Activity, Resource >，其中 Participant 表示 VV&A 过程参与者集合，这里主要指 VV&A 角色，Input 表示过程输入集合，Output 表示过程输出集合，Activity 表示 VV&A 活动集合，Resource 表示 VV&A 资源集合，图 2 - 5 为 VV&A 过程模型示意图。

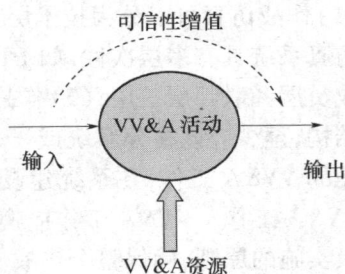

图 2 - 5 　 VV&A 过程模型示意图

    作战仿真的 VV&A 过程是伴随作战仿真系统建设全过程而产生的，覆盖到仿真系统建设的每一个阶段，如图 2 - 6 所示。图 2 - 6 中，最上面的虚框是作战仿真系统开发过程，分为定义需求，开发概念模型，系统设计（包括概要设计和详细设计），系统开发、集成与测试以及系统运行与验收 5 个阶段；中间实框是作战仿真系统 V&V 过程，包含 6 个具体的 V&V 工作；最下面的实框是作战仿真系统确认过程。

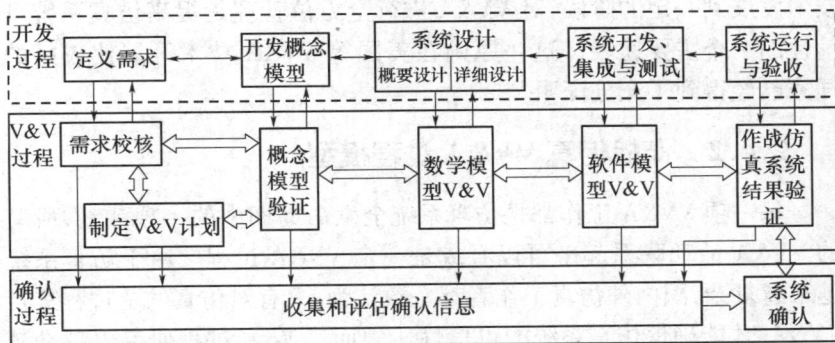

图 2 - 6 　作战仿真系统的开发及其 VV&A 过程

    因此，作战仿真系统 VV&A 过程可以形式化定义如下：

    定义 2.8 作战仿真系统 VV&A 过程（WSVP）：作战仿真系统的

VV&A 过程(WSVP)可以形式化定义为 WSVP：=(VVP,AP)。

其中：

VVP＝{Req Ver,VV Plan,MCM Val,MM VV,SM VV,Result Val}表示 V&V 过程集合,即需求校核、制定 V&V 计划、概念模型验证、数学模型 V&V、软件模型 V&V、作战仿真系统结果验证等；

AP＝{Model Accreditation,System Accreditation}表示确认过程集合,包括作战模型确认和仿真系统确认。

综上所述,作战仿真 VV&A 过程具有以下特征：

① 每一个 VV&A 过程都有一个相应的仿真开发过程；

② 过程规定和包含了若干主要 VV&A 活动,如军事需求校核、军事概念模型验证等；

③ 过程执行中要利用资源(如文档资源、数据资源、专家资源等),并在约束条件下给出中间产品和最终产品(如需求校核报告、VV&A 报告等)；

④ 过程可由若干子过程(如分系统或子系统的 VV&A 过程)构成,这些子过程可以是并列关系(如各个分系统的需求校核就是并列关系),也可能是包含关系(如整个仿真系统的需求校核就包含各个分系统的需求校核)；

⑤ 每一个过程都有其入口准则和出口准则,这些准则表明了活动在什么情况下开始,在什么情况下结束；

⑥ VV&A 过程的活动一般是顺序组织的,合并起来形成一个VV&A 工作流；

⑦ 过程的活动应有自己的目标,过程的实施将组织、管理者、人员和技术基础设施汇聚起来,以实现过程的业务目标(如确定仿真系统是否可信、评估仿真系统的可信度)为目的。

2.5　作战仿真 VV&A 机制

作战仿真 VV&A 是一项复杂的工作,为了保证它能够顺利实施,需要有比较健全的 VV&A 工作机制,如 VV&A 人员机制、VV&A 任务分解机制和 VV&A 资源管理机制等。本节主要研究作战仿真 VV&A

的人员机制和任务分解机制两个方面问题。

2.5.1 作战仿真 VV&A 人员机制

作战仿真 VV&A 需要多方面的人员共同参与、协同工作,这些人员统称为 VV&A 关键角色(以下简称"VV&A 角色")。VV&A 人员机制就是要明确参与 VV&A 工作的关键角色及其典型职责,以及各个 VV&A 角色之间的组织和隶属关系。

1. VV&A 角色

VV&A 角色主要有作战仿真系统的用户(以下简称用户)、模型及系统开发人员(以下简称开发人员)、V&V 人员(本书主要指 IV&V 人员)、确认代理(如军事权威部门)、主题专家(又称领域专家)以及第三方评测机构等。

因此,作战仿真 VV&A 的关键角色 KR(Key Role)可以结构化表示为 < U,D,VV,AA,SME,E > 。

其中:

U(User)表示用户,是指作战仿真的模型及产品的使用机构或组织,主要为军事部门。用户是整个作战仿真应用的驱动者、仿真的使用者及仿真是否可信与可用的最终决定者和受益者。整个 VV&A 工作的目的就是为用户提供仿真可信性、可用性、好用性的证明。

D(Developer)表示开发人员,是指开发作战仿真的模型及系统的个人和组织,包括需求开发人员、概念模型开发人员、数学模型开发人员、软件模型开发人员及仿真支撑平台的开发人员等。

作战仿真从计划阶段到被确认,开发人员始终是 VV&A 工作的主要参与者和受益者。一方面,VV&A 的对象均来自开发人员提供的产品,VV&A 工作需要开发人员的积极配合和参与;另一方面,VV&A 工作有助于降低开发风险、节省开发时间和经费,以及增强开发人员的信心。

VV 表示 V&V 人员(包含 V&V Agent),是指由作战仿真的用户或上级主管部门指定或有关文件规定的负责对模型、仿真或模型与仿真组成的联邦进行 V&V 的个人、机构或组织。V&V 工作主要由 V&V 人员负责完成,由于他们不直接参与模型或仿真系统的开发,具有相对的

独立性,故又称为独立校核与验证(IV&V)人员。本书中,V&V 人员分别可以组成 VV&A 组和 VV&A 小组。

在 VV&A 工作中,V&V 人员是最关键的角色,其作用也是最主要的,负责制定 V&V 计划并付诸实施 V&V 工作。作战仿真的 VV&A 工作的好坏与 V&V 人员的技术水平、是否尽职尽责以及他们的沟通能力息息相关。

AA(Accreditation Agent)表示确认代理,是指由用户指定或有关文件规定的负责对作战仿真系统应用实施确认评价的机构或组织。确认代理是一个集合名词,本书中,它可以与确认人员互用。确认代理应该独立于系统开发人员之外,具有一定的权威性,确认工作应该由确认代理负责进行。

在 VV&A 工作中,确认代理也是最关键的角色之一,始终代表用户的利益,确保作战仿真能够满足用户的要求。确认代理的职责是准备和组织实施经济有效的确认评审,向用户提出合理、全面和充分论证的确认建议。

SME(Subject Matter Expert)表示主题事件专家(简称主题专家),是指对某领域具有非常专业知识、超常经验或洞察力的个人,包括军事专家、作战领域专家、建模专家、仿真专家、软件测试专家以及其他领域专家。

主题专家的选择由 VV&A 活动阶段决定,参与需求分析与定义的领域专家通常由用户确定,参加 V&V 活动的领域专家由 V&V 代理确定,参加确认活动的领域专家由确认代理确定。

为了很好地完成作战仿真 VV&A 工作,主题专家应该具备以下特点:

(1)独立性,即主题专家在进行工作时不受外界干扰,能够独立进行;

(2)公正性,即主题专家在开展工作时能够本着实事求是的态度,得出公正的结论;

(3)称职性,即主题专家要充分利用自己的知识和专业技能,能够胜任所做的 VV&A 工作,如军事需求分析和军事概念模型验证的 SME

必须具备非常丰富的军事专业知识;

(4)责任性,即主题专家要履行职责干好自己的工作,要对委托组织或个人负责;

(5)良好的判断能力,即主题专家在进行 VV&A 工作时要能够决定所研究的问题什么时候已经得到了充分的检查,展现良好的判断能力。

E(Estimator)表示第三方测评机构,第三方测评机构是指受用户、V&V 代理或确认代理委托,对模型或仿真产品进行测试和评价的机构或组织,如软件测评中心、软件测试机构等。

第三方测评机构的典型职责是应用专业软件工具,对模型或仿真产品进行评测,并给出客观公正的评测结果。

2. VV&A 角色的典型职责

对于所有的 VV&A 活动,每个关键角色可能完成五项职责,即领导、执行、辅助、评审、批准。各个角色在不同的 VV&A 活动中的职责如表 2-2 所列。

表 2-2 作战仿真 VV&A 的角色及其职责

VV&A 工作	VV&A 角色及其职责					
	用户	开发人员	V&V 人员	确认代理	SME	测评机构
制定 V&V 计划	评审、批准	辅助、评审	领导、执行	辅助		
制定确认计划	评审、批准		辅助	领导、执行		
需求校核	辅助、批准	辅助	领导、执行	辅助	辅助	
概念模型验证	辅助、批准	辅助	领导、执行		辅助	
概念模型确认	批准		辅助	领导、执行	辅助	
数学模型 V&V	批准	辅助	领导、执行		辅助	
数学模型确认	批准		辅助	领导、执行		
软件模型 V&V	批准	辅助	领导、执行		辅助	辅助、执行
软件模型确认	批准		辅助	领导、执行		
仿真系统 V&V	辅助、批准	辅助	领导、执行		辅助	辅助、执行
系统确认决策	辅助、批准		辅助	领导、执行		

3. 作战仿真的 VV&A 组织机构

组织结构(Organizing Structure,OS)是 VV&A 组织机构的一种抽象,描述了各个参与 VV&A 工作的关键角色及角色之间的关系。一个 VV&A 的组织结构 OS 可以用一个五元组的集合来定义,即 OS: = < OS_ID,Ro,Re,O_G,M > 。

其中:

OS_ID 表示 VV&A 组织结构标识符,一个组织结构对应一个唯一的标识符;

Ro 表示 VV&A 角色集合(非空),每一个角色由角色权力和角色必须承担的责任两个属性组成;

Re 表示 VV&A 角色关系集合(可空),角色关系分别有领导与被领导、上级与下级、相互协作等;

O_G 表示 VV&A 组织目标集合(非空),即建立该组织应该达到的目标;

M 表示 VV&A 组织的管理者集合(非空),组织管理者有组长、小组长等。

一般地,作战仿真的 VV&A 组织机构主要分为两级:第一级为负责整个仿真系统的 VV&A 工作,通常称为"VV&A 组";第二级为各个研制单位内部的负责仿真分系统(或子系统)的 VV&A 工作,通常称为"VV&A 小组"。从工作的隶属关系上说,VV&A 组是 VV&A 小组的上级组织。

1) VV&A 小组

VV&A 小组结构可以表示为 $S = <R, G, L>$,其中,R 是小组角色的有限集合,G 是有向图,L 表示角色之间的交互关系,边的方向表示交互过程的发起者,$G: R \times R \rightarrow \Lambda, \Lambda$ 表示角色之间的交互语言。VV&A 小组结构经过实例化后成为 VV&A 小组,它的职责包括:

(1) 负责开展相应分系统的 VV&A 工作,并撰写相应的 VV&A 文档;

(2) 接受 VV&A 组的工作检查并汇报工作情况,提交相应文档;

(3) 向相应的权威确认部门汇报 VV&A 工作过程与结果,并提交工作文档,协助确认工作。

2）VV&A 组

VV&A 组组织结构可以表示为 $O = <S, \text{Rep}>$，其中，S 表示一组合法的小组结构的集合，Rep 是一个表示小组关系的图，边为 $S_a, S_b \in S$。VV&A 组结构经过实例化后成为 VV&A 组，它的主要职责如下：

（1）负责作战仿真系统 VV&A 的总体工作，组织、计划、协调 VV&A 工作各方面的内容；

（2）指导、检查 VV&A 小组的工作，并为各 VV&A 小组提供文档模板及 VV&A 技术、软件工具支持；

（3）为整个作战仿真系统的建设人员开展 VV&A 知识宣贯与培训工作，并提供各项 VV&A 工作方面的指导与服务；

（4）向用户、上级主管部门和主题专家等提供 VV&A 技术方面的咨询与建议，并汇报 VV&A 工作情况。

图 2-7 给出了作战仿真系统的 VV&A 角色机制关系。图中，实线框表示实际存在的固定组织，虚线框表示按需组建的技术服务组织；作战部门是确认机构；外部资源包括主题专家、第三方评测机构等。实线箭头表示两个机构具有工作上的上下级关系，箭头的始端表示上级，末端表示下级；虚线双向箭头表示两个机构具有工作上的协作关系，没有上下级隶属之分。

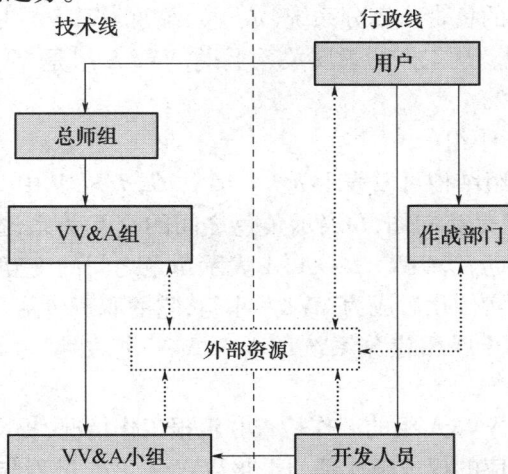

图 2-7　作战仿真的 VV&A 角色机制关系

42

2.5.2 作战仿真 VV&A 任务分解机制

作战仿真全过程的 VV&A 任务项目多、流程复杂,而且任务之间交错进行。为了确保每一项重要任务都得到有效执行,需要建立一个良好的任务分解机制,从而将 VV&A 任务进行合理分解。作战仿真的 VV&A 任务分解是一个比较困难的工作,与任务大小、复杂程度以及仿真系统的应用情况等有关。任务分解可以有不同的策略,如按物理时空进行分解、按任务的技术功能进行分解、按静态和动态特性进行分解等。

一般情况,作战仿真 VV&A 的任务分解以物理时空分解形式为主,兼顾其他的分解形式,其任务分配总的原则如下:

(1)作战仿真系统 V&V 的总体任务由 VV&A 组负责与执行,各个分系统(子系统)的 V&V 任务由 VV&A 小组负责与执行;

(2)主题专家和第三方评测机构根据需要开展 VV&A 辅助工作,完成部分 VV&A 任务;

(3)军事需求与概念模型的确认结论应该由相应的作战部门给出,数学模型和软件模型的确认工作应该由军事专家和仿真专家组成的确认代理完成并给出结论,作战仿真系统的确认结论应该由使用该系统的上级作战部门给出。

因此,首先应该把作战仿真系统或分系统(子系统)的 VV&A 任务分解为若干个子任务;然后分别求解这些子任务。

设一个作战仿真的 VV&A 任务集合为 $T = \{t_1, t_2, \cdots, t_n\}$,$t_i$ 为子任务。当子任务不能由单个 VV&A 人员完成或在某一个阶段完成时,需要对它再进一步分解,直至分解到可以由单个 VV&A 人员完成或在某一个阶段完成为止。从信息论的角度看,作战仿真的 VV&A 任务分解是一个递归过程,可以由算法 2.1 进行描述。

算法 2.1:任务分解算法

设 t 为待分解的 VV&A 任务。

Step1:令 $T = t$;

Step2:若 T 可以分解,则 $T = \{t_1, t_2, \cdots, t_n\}$,若 T 不能再分解,转 Step6;

Step3:寻找可以承担子任务 t_i 的 VV&A 人员;

Step4:对所有不能由 VV&A 人员承担的任务 $t = t_i$,递归调用算法 2.1,进行分解;

Step5:若所有 t_i 均有 VV&A 人员可以承担,则任务分解结束并返回;

Step6:如果任务 T 可以由几个 VV&A 人员共同完成,则该子任务需要 VV&A 人员进行合作求解,返回;如果任务 T 无法由几个 VV&A 人员共同完成,则出错返回。

第3章 作战仿真 VV&A 过程的形式化建模

3.1 引 言

模型是研究的工具,建立合适的 VV&A 过程模型是进行作战仿真 VV&A 研究的前提和基础。VV&A 过程模型能够为 VV&A 研究提供蓝图,它可以是结构性的,强调 VV&A 的静态组织结构;也可以是行为性的,强调动态方面。对作战仿真 VV&A 过程进行形式化建模可以使 VV&A 过程的描述规范化、标准化及形式化,便于不同领域人员的相互沟通与交流,帮助 VV&A 人员更好地开展 VV&A 工作,也便于 VV&A 的工程化应用。

一般地,面向对象的统一建模语言(Unified Modeling Language,UML)和功能建模定义语言 IDEF0 能够应用于作战仿真 VV&A 过程建模。基于 UML,可以对作战仿真 VV&A 过程及其管理的用例、静态结构、动态行为及交互进行形式化建模,而 IDEF0 在描述 VV&A 过程中的活动和信息流之间的关系以及支持对 VV&A 全过程描述等方面具有较大的优势。

3.2 作战仿真 VV&A 过程形式化建模的必要性

面向对象技术能够在多个层次上支持复杂系统建模,而且能够支持模型的修改、扩充和重用。面向对象的建模思想与人们认识现实世界的思维方式一致,从而增强了建模的直观性和可理解性,提高了复杂系统的建模能力,缩短了建模时间。当前,面向对象建模方法已成为主要的建模方法,它适合于在各个问题域中建造各种规模程度和复杂度的模型。常见的面向对象的建模工具与语言有 UML、DFD(数据流图)、IDEF0 及其系列、PetriNet 等,其中 UML 和 IDEF0 是目前使用最广

泛和最容易让人理解的面向对象建模语言。本书主要采用这两种语言对作战仿真 VV&A 过程及其管理进行形式化建模。

通过对作战仿真 VV&A 过程及其管理进行形式化建模,可以带来以下好处:

(1)用统一的规范化的语言来描述作战仿真 VV&A,可以促进军事人员、仿真技术人员、主题专家和 VV&A 人员等各方人员之间的沟通与协作,方便 VV&A 工作的开展;

(2)VV&A 的形式化模型可以将 VV&A 工作可视化和结构化,帮助详细说明 VV&A 的结构、行为和信息流向,让我们明确 VV&A 活动的内容、方法及输入、输出产品等;

(3)通过将形式化模型映射到软件系统中,可以为开发 VV&A 的工具软件提供素材,从而较为方便地进行面向对象的程序设计;

(4)形式化模型有利于规范 VV&A 工作的各个方面,包括输入输出数据、VV&A 的工作阶段、VV&A 机制及每一个阶段需要的控制条件等;

(5)形式化模型给出了一个 VV&A 的模板,模板的内容由形式化语言自动提供,还可以根据需要进行筛选;

(6)形式化模型可以对 VV&A 研究进行文档化,每一步的形式化工作都可以成为 VV&A 文档;

(7)作战仿真 VV&A 的形式化建模可以促进 VV&A 活动的规范化、标准化、自动化和管理正规化。

3.3　基于 UML 的作战仿真 VV&A 过程建模

UML 是一种用于详细描述复杂系统的形式化语言,由事物、关系和图组成。事物主要有结构事物、行为事物、分组事物和注释事物四种,关系包含依赖、关联、泛化和实现等几种,最常用的图有用例图(Use Case Diagram)、静态图、行为图、交互图、实现图共五大类 10 种。通过这些事物、关系和图可以将作战仿真 VV&A 过程非常清晰地形式化描述:利用其静态模型可以方便地描述作战仿真 VV&A 过程中各元素之间的关系,利用其动态模型可以清晰地描述 VV&A 过程中各活动

的时序关系。

作战仿真 VV&A 过程的 UML 建模过程如图 3-1 所示,可以分为以下几个步骤:

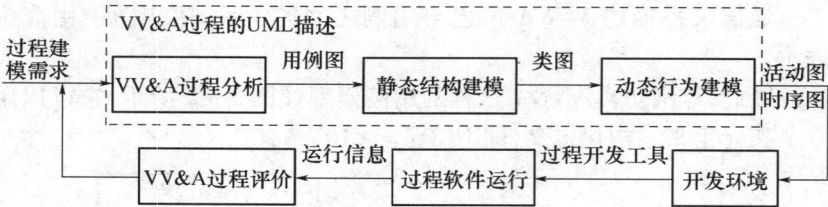

图 3-1 基于 UML 的 VV&A 过程建模的步骤分析

(1) 分析 VV&A 过程,识别用例,建立过程的用例图;

(2) 分析 VV&A 过程中的关键性元素及元素之间的关系,进行静态结构建模,建立 VV&A 过程的类图;

(3) 描述 VV&A 过程及产品之间的时序关系和交互关系,进行动态行为建模,建立 VV&A 过程的活动图或时序图。

本节主要利用 UML 的用例图、类图、行为图和交互图分别对作战仿真 VV&A 过程进行形式化建模。

3.3.1 基于 UML 的 VV&A 过程用例建模

基于 UML 的 VV&A 过程用例建模就是通过用例图来描述 VV&A 过程的用例模型。VV&A 用例图适合于对 VV&A 过程进行需求建模。用例图显示了 VV&A 活动与 VV&A 关键角色及其相互关系,并指出各功能的操作者。对作战仿真 VV&A 过程进行用例建模首先要从以下方面进行分析。

1) 用例(Use Case)

作战仿真 VV&A 过程中的每一项活动可以看成是一个用例,第 2 章已经对作战仿真 VV&A 过程划分为以下活动:需求校核、制定 V&V 计划(包括确认计划)、概念模型验证、数学模型 V&V、软件模型 V&V、模型和系统确认。在 UML 用例图中,一个用例用一个椭圆来表示。

2) 执行者(Actor)

本书中,执行者就是 VV&A 关键角色,它是所有参与 VV&A 工作

的人员总称。本书的第 2 章已经对 VV&A 关键角色进行了详细论述。在 UML 图中,执行者用一个或多个小人进行图形化表示。

3）通信关系(Communicate Relationship)

通信关系描述 VV&A 角色与用例之间的关系,用例图中用箭头表示。

因此,作战仿真 VV&A 过程的用例模型如图 3 - 2 所示,它可以用一个三元组来结构化定义,即 UCD: = < UC,A,CR > 。

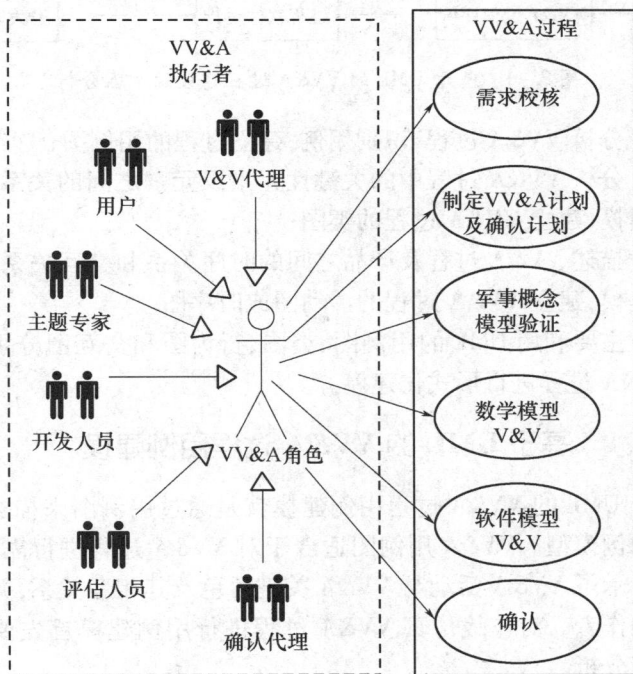

图 3-2　作战仿真 VV&A 过程的用例模型

其中:

UCD 表示作战仿真 VV&A 过程的用例图;

UC 表示作战仿真 VV&A 过程的用例集合,它由 5 个元素组成:作战仿真系统需求校核、制定 V&V 计划及确认计划、军事概念模型验证、数学模型 V&V、软件模型 V&V,以及确认(包括模型确认与作战仿真

系统确认两个方面），即 UC = {Req Verification, VV&A Planning, CM Validation, MM V&V, SM V&V, Accreditation}；

A 表示执行者 Actor 集合（VV&A 关键角色集合），它由 6 个元素组成，即 A = {User, V&V Agent, Accreditation Agent, SME, Developer, Estimator}，这 6 个角色是执行者的泛化；

CR 表示通信关系集合，即 VV&A 角色与用例之间的关系集合。

3.3.2　基于 UML 的 VV&A 过程静态建模

静态图可以对作战仿真 VV&A 过程的静态逻辑结构进行描述，从而建立 VV&A 过程的静态模型。静态图主要包括类图、对象图和包图，其中类图描述 VV&A 过程的静态关系，存在于 VV&A 过程中的整个生命周期，适合于作战仿真 VV&A 过程的概念建模；对象图是类图的实例，与类图的标识一样，只存在于 VV&A 过程中的某一个时间阶段；包图主要描述 VV&A 过程的分层结构。下面主要介绍作战仿真 VV&A 过程的类图（Class Diagram）。

建立基于 UML 的 VV&A 过程的类图，首先要对它进行面向对象的类设计。本书对作战仿真 VV&A 过程的类进行如下设计：

（1）将 VV&A 过程及其组成部分看作为具有广泛意义上的对象；

（2）上述各个对象之间的通信称为消息，即要求某个对象执行类中定义的某个方法的说明；

（3）将上述各个对象的共同行为和属性进行抽象，便得到了类，如作战仿真的 VV&A 过程可以抽象成类。为了研究的方便，还可以将这些类进行层次结构细化，得到它的子类；有时为了表示的需要，子类还可以细分为子类。相比之下，上层的类称为父类，下层的类称为子类，子类与父类之间具有某种关系。

作战仿真 VV&A 过程的类图主要描述 VV&A 过程中的类、属性、操作及类之间的静态关系，如图 3 – 3 所示，可以用一个四元组 < CN, Att, O, R > 来表示。

其中：

CN 表示 VV&A 过程中所有类名的集合，作战仿真 VV&A 过程可以看作是父类，它包括三个子类 {Verification, Validation,

Accreditation｝,即校核、验证和确认;而每一个子类又有子类,如子类 Verification(校核)又有四个子类元素｛Req Verification,MM Verification,SM Verification,Con Verification｝,即需求校核、数学模型校核、软件模型校核和一致性校核等。

Att =｛name,condition,state,cost,time,role｝表示类的属性集合,这些属性分别为 VV&A 的过程名称、进行 VV&A 过程所需要的条件、活动的当前状态、所需成本、时间,以及参与 VV&A 过程的角色。

O =｛start,consume,produce,exit｝表示类的操作集合,每一项 VV&A 活动都至少需要进行以下操作:开始、消费 VV&A 资源、输出 VV&A 产品和退出。

R 表示类之间的关系集合,包括依赖、关联、泛化和聚合关系等,图 3-3 中只标出了聚合关系。

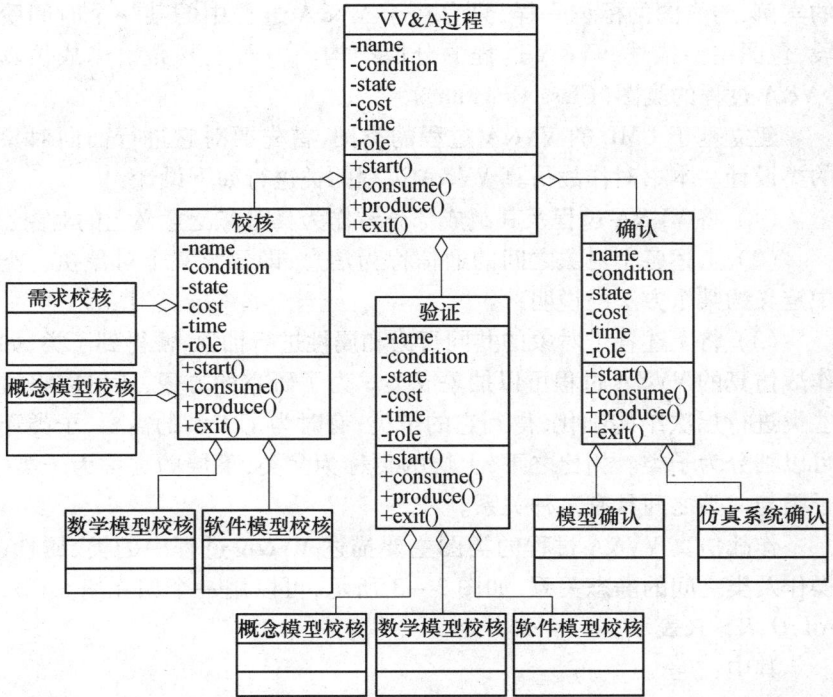

图 3-3 作战仿真 VV&A 过程的类图模型

50

3.3.3　基于 UML 的 VV&A 过程行为建模

　　基于 UML 的行为图可以对作战仿真 VV&A 过程进行行为(如 VV&A 过程的动态模型与组成对象之间的交互关系)建模,包括状态图和活动图。状态图(Statechart Diagram)又称状态机,是对类图的补充,它描述类的对象所有可能的状态以及事件发生时状态的转移条件;活动图(Activity Diagram)描述满足用例要求所要进行的活动以及活动间的约束关系。由于作战仿真 VV&A 过程的类图已经能够清楚描述 VV&A 过程的静态结构关系,故此处只建立 VV&A 过程的活动图。

　　图 3 – 4 为作战仿真 VV&A 过程的活动图。

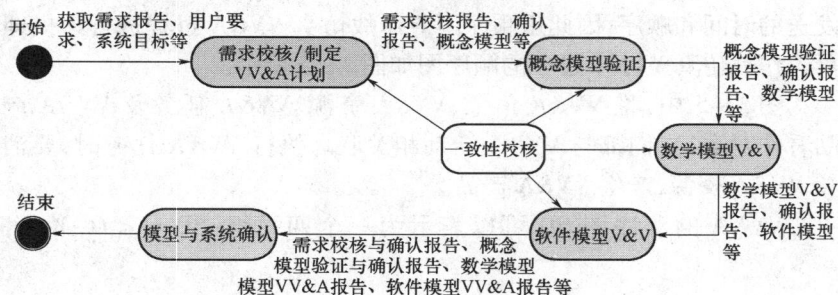

图 3 – 4　作战仿真 VV&A 过程的活动图

　　作战仿真 VV&A 过程的活动图可以表示为一个五元组,即 AD = $<S,V,f,S_0,F>$

　　其中:

　　$S = \{S_1,S_2,\cdots,S_n\}$ 表示有限状态集,包含动作状态和活动状态。动作状态不能再进行分解,活动状态是指可以再分解的状态。本书主要在第 2 章的任务机制中已经进行了研究,在此就不对动作状态和活动状态进行区分。这里,可以令 $S_1 =$ Req Verification,$S_2 =$ Con Verification,$\cdots$。

　　$V = \{V_1,V_2,\cdots,V_n\}$ 表示输入事件集。图中箭头旁边标出了输入事件。

　　f 表示状态转换函数,它是一个从 $S \times V$ 到 S 的部分映射,即 $f:S \times V \to S$,图中用有向箭头表示。

S_0 是唯一的一个初始状态。

F 是终态集。若 $f(S_1, V_2) = S_2, f(S_2, V_3) = S_3, \cdots, f(S_{n-1}, V_n) = S_n = F$，则此 VV&A 过程结束。

3.3.4 基于 UML 的 VV&A 过程交互建模

作战仿真 VV&A 过程的交互建模可以用交互图来表示。交互图主要描述对象间的交互关系，包括顺序图和合作图。其中，顺序图（Sequence Diagram）强调交互对象之间消息发送的时间和顺序关系，合作图强调交互对象之间的上下级关系（组织结构），用两种方式建立的交互图具有等价的语义。由于本书只是关心 VV&A 过程中对象的消息发送的时间和顺序，因此用顺序图对作战仿真 VV&A 过程进行建模即可。作战仿真 VV&A 过程的顺序图如图 3-5 所示。

图 3-5 中，将 VV&A 角色、VV&A 资源、VV&A 任务及 VV&A 产品看作对象，它们都与 VV&A 活动相关联。执行 VV&A 任务时，要消耗 VV&A 资源，产生 VV&A 产品。

VV&A 的顺序图 SD 可以表示为一个四元组：SD = $< O, M, E, \rightarrow >$。

其中：

$O = \{O_1, O_2, \cdots, O_m\}$ 是对象集合，如 Role、VV&A Resource、VV&A Task 和 VV&A Product 都是顺序图中的对象。

$M = \{msg_1, msg_2, \cdots, msg_n\}$ 是消息集合，如顺序图中的"Req Verification、Req Verification Oevr、CM Validation"等。

$E = M\{s, r\}$ 是事件集合，即消息的发送和接收集合。对于消息 msg，发送事件用 (msg, s) 表示，接收事件用 (msg, r) 表示。顺序图中所有发送消息事件的集合记为 S，所有接收消息事件的集合记为 R。如作战仿真 VV&A 过程的事件集合可以表示为

$$E = \{(RexVerification, s), (RexVerification, r), (VerificationOver, s),$$
$$(VerificationOver, r), \cdots\}$$

$\rightarrow$ 是消息集合 M 上的一个全序关系，表示顺序图中的消息在纵向时间轴上的先后关系。如顺序图中的"需求校核→概念模型验证→数学模型 V&V→…"。

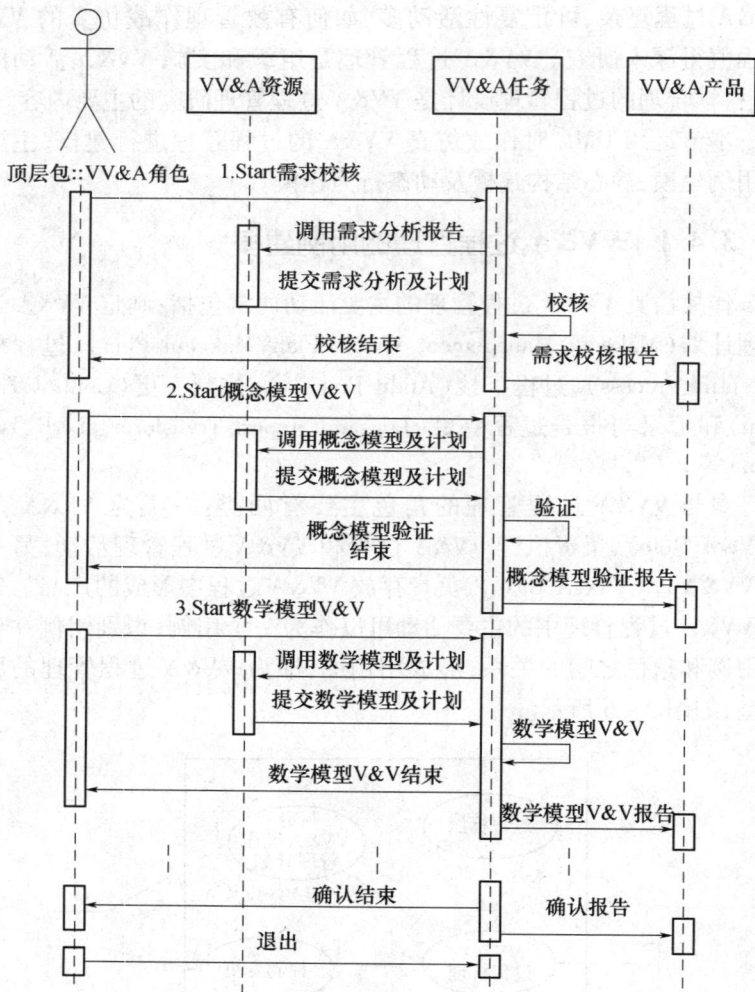

图 3-5 作战仿真 VV&A 过程的顺序图

3.4 基于 UML 的作战仿真 VV&A 过程管理建模

VV&A 在时间、空间、参与人员和内容上都有较大的广延度，

VV&A 过程复杂、可重复性活动多，如何有效管理作战仿真的 VV&A 过程值得深入研究。VV&A 过程管理是组织和实施 VV&A 活动的关键，科学合理的过程管理设计是 VV&A 过程管理研究的主要内容。

本节运用 UML 对作战仿真 VV&A 的过程管理进行建模，主要包括用例建模、静态结构建模及动态行为建模。

3.4.1 VV&A 过程管理的用例建模

作战仿真 VV&A 过程管理的主要活动通常包括：制定 VV&A 过程管理计划（Makeout Management VV&A Plan，Makeout Plan）、过程标识（Identify Process）、过程审核（Audit Process）、控制变更（Control Transform）和记录与报告过程变更（Log and Report Transform，L&R Transform）等。

参与 VV&A 过程管理的角色主要有两类：一类为 VV&A 角色（VV&A Role），负责执行 VV&A 过程和 VV&A 过程管理活动；另一类为 VV&A 库（VV&A Base），负责存放 VV&A 过程中形成的产品。每一个 VV&A 过程管理中的主要活动可以作为一个用例，识别用例并建立起用例和角色之间的关系，形成用例图，即为 VV&A 过程管理的用例模型，如图 3 - 6 所示。

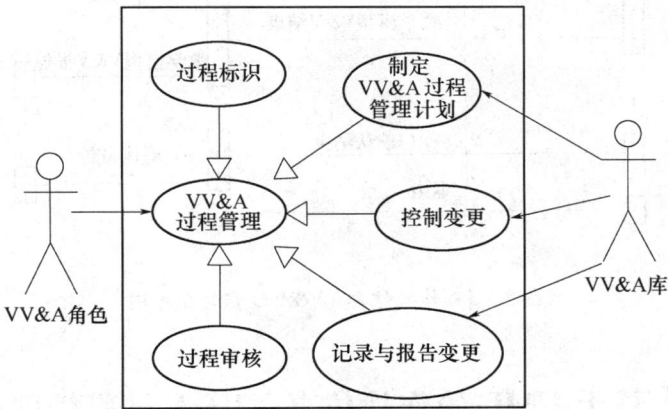

图 3 - 6 VV&A 过程管理的用例模型

3.4.2 VV&A 过程管理的静态建模

在形成 VV&A 过程管理的用例模型后,可进一步分析过程管理中的重要活动以及这些活动之间的静态关系,以类图的形式来描述它的静态结构。VV&A 过程管理的每一个活动可以抽象成一个类,类的抽象方法和组成结构与 VV&A 过程类一样,这里就不再赘述。VV&A 过程管理类的静态模型如图 3 – 7 所示。

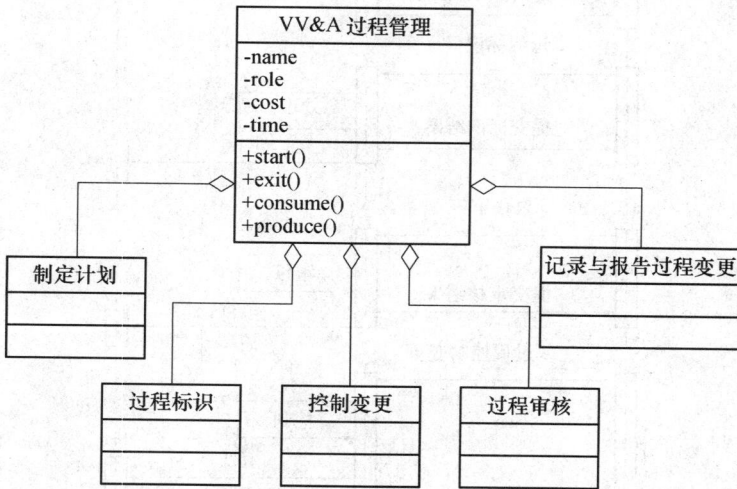

图 3 – 7　VV&A 过程管理类的静态模型

3.4.3 VV&A 过程管理的动态建模

VV&A 过程管理的动态建模是对静态模型中对象的时间顺序关系和对象的状态变迁进行描述。可以用顺序图来建立 VV&A 过程管理的动态模型,描述对象间传递消息的时间顺序关系,如图 3 – 8 所示。

55

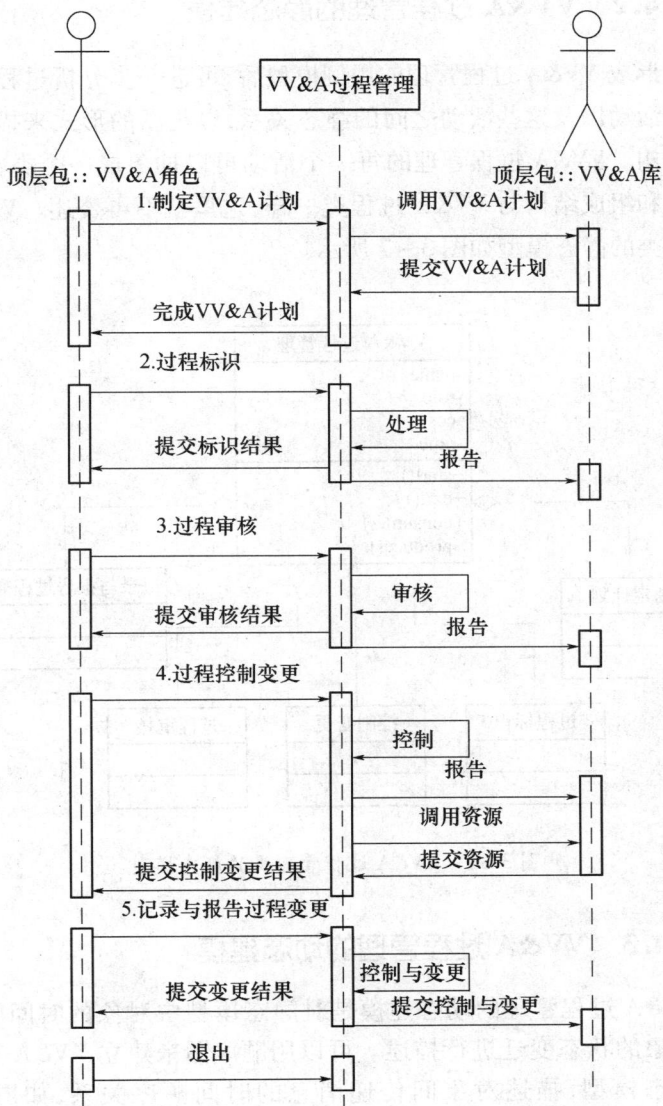

图 3-8 VV&A 过程管理的顺序图模型

56

3.4.4 基于活动代理的 VV&A 过程管理建模

为了减轻 VV&A 人员对 VV&A 过程管理工作的强度和实现 VV&A 过程自动化、规范化管理,可以设计一个 VV&A 活动代理 (Activity Agent)来辅助管理 VV&A 过程,VV&A 角色只需要控制活动代理即可管理 VV&A 活动。执行 VV&A 活动时,由 VV&A 角色发出开始命令,调用活动代理启动 VV&A 过程,消费有关的资源和中间产品,并输出各个阶段的 VV&A 产品。活动代理是过程管理类的责任元素,它由 5 个子活动代理类组成:制定计划子代理类(Makeout Plan)、过程标识子代理类(Identify Process)、控制转换子代理类(Control Transform)、过程审核子代理类(Audit Process)和记录与报告子代理类(Log and Report)。

1)VV&A 活动代理的类图

VV&A 活动代理类与各子类之间的继承关系如图 3 – 9 所示。其中,VV&A 的活动代理为抽象类,有 9 项属性:父活动(parent Activity)、

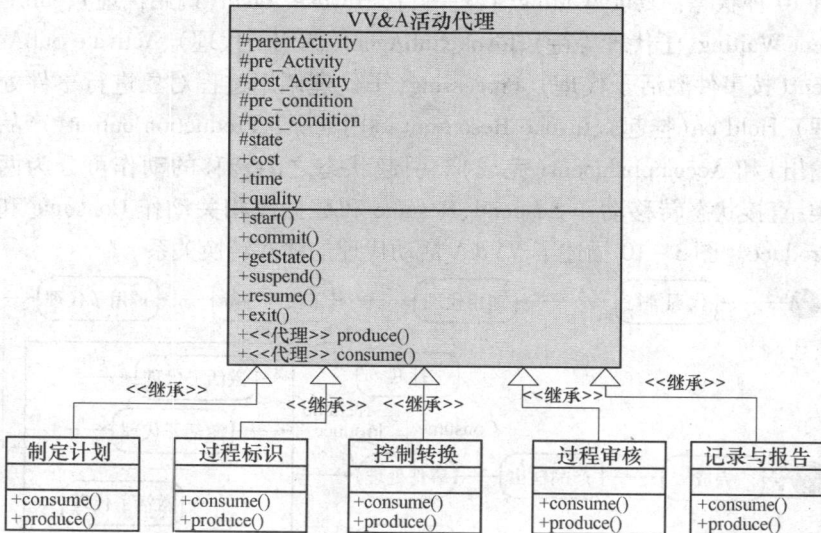

图 3 – 9 VV&A 活动代理的类图

前驱活动（pre_Activity）、后继活动（post_Activity）、前提条件（pre_Condition）、后置条件（post_Condition）、当前状态（state），以及过程的性能度量成本（cost）、时间（time）和质量（quality）。其中前 6 项为保护属性，只能被其继承子类访问；后三项为公共属性，可被外部任何其他对象访问，用于分析过程的性能并支持过程改进与优化。VV&A 活动代理提供了 8 种方法，其中 start（）、commit（）、suspend（）、resume（）、exit（）方法控制活动的执行，分别对应于活动（或子活动）的启动、提交、暂停、继续和退出；getState（）方法用于获取活动的状态；produce（）和 consume（）是抽象方法，表示某活动代理消费有关的源数据和产品，并进一步产生新的数据与结论。所有子活动代理继承抽象的活动代理类，但每个子活动代理根据所承担的任务和执行阶段的不同，可以有各自不同的 produce（）和 consume（）方法。

2）VV&A 活动代理的状态转换关系

通过添加 VV&A 的活动代理后，可以通过自动化手段调用 VV&A 活动代理及 SubAgent，部分或全部执行 VV&A 活动。VV&A 活动代理主要有 10 种状态：Agent Waiting（代理等待）、Invoke Agent（调用代理）、SubAgent Waiting（子代理等待）、InvokeSubAgent（调用子代理）、Activate SubAgent（按事件激活子代理）、Processing（子代理调用过程对象进行事件处理）、Hold on（挂起）、Invoke Resource（调用资源）、Production output（产品输出）和 Accomplishment（完成）。引起状态之间转移的动作可分为两类：直接状态转移动作 Suspend、Resume 和数据流相关动作 Consume 和 Produce。图 3 - 10 描述了 VV&A 活动代理的状态转换关系。

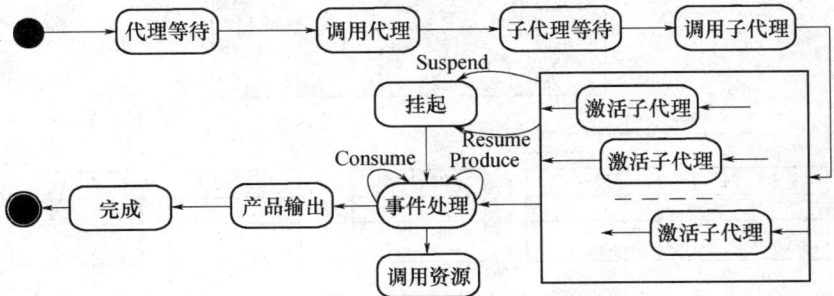

图 3 - 10　VV&A 活动代理的状态转换图

3）基于活动代理的 VV&A 过程管理的概念建模

通过前面的分析可知，可以通过 UML 的类图对基于活动代理的 VV&A 过程管理进行概念建模，将 VV&A 活动代理也看成是 VV&A 过程管理类的一个子类，其概念模型如图 3 – 11 所示。

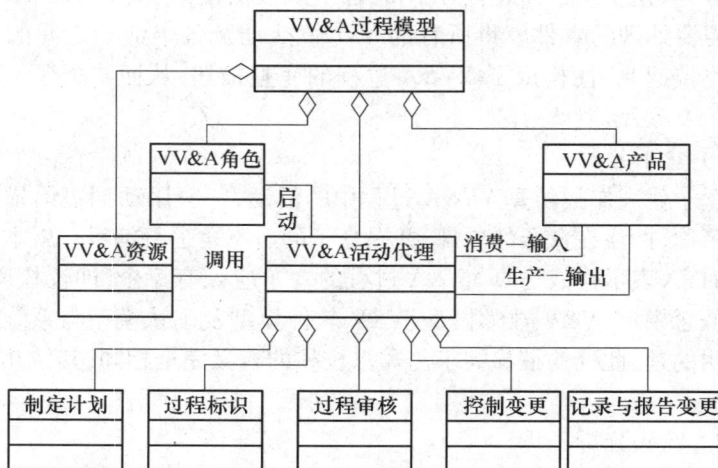

图 3 – 11　基于活动代理的 VV&A 过程管理的概念模型

3.5　基于 IDEF0 的作战仿真 VV&A 过程建模

IDEF0 在全面描述作战仿真 VV&A 过程的许多方面具有较大的优势，能够描述 VV&A 过程中的活动和信息流之间的关系、支持 VV&A 过程的分析与改进，以及实现对 VV&A 全过程的支持等，从而可以促进各方面人员对作战仿真 VV&A 的理解与交流，因而本节将利用 IDEF0 对作战仿真 VV&A 过程进行建模。

首先将作战仿真 VV&A 过程活动按照 IDEF0 进行分析、描述，接着建立基于 IDEF0 的作战仿真 VV&A 过程模型，最后对作战仿真 VV&A 过程的 IDEF0 模型进行形式化描述。

3.5.1 基于 IDEF0 的 VV&A 过程分析

基于 IDEF0 的作战仿真 VV&A 过程建模主要是通过一系列图形符号来表示 VV&A 过程模型,图形的基本元素是盒子(Box)和箭头(Arrow)。盒子用于描述 VV&A 的各个阶段活动,箭头表示 VV&A 活动中需要处理的事件。将所有的 VV&A 活动及各个活动之间的关系相互连接起来,便构成了 VV&A 过程的完整描述,从而构成了 VV&A 的 IDEF0 模型。

1)盒子分析

盒子代表作战仿真 VV&A 过程中的活动,一般用动词短语描述盒子的名称,标注在盒子的内部,并在盒子的右下角进行编号。就本书的研究而言,表示作战仿真 VV&A 过程的盒子应该有 5 个,即校核需求、验证概念模型、V&V 数学模型、V&V 软件模型及确认模型与系统。需要说明的是,此处的校核需求与需求校核的含义完全相同,其他几个也一样。

2)箭头分析

连接到盒子上的箭头表示由 VV&A 活动产生的或执行 VV&A 活动所需要的数据,用名词短语标注在箭头的旁边。这些数据可以是信息、对象或用名词短语描述的任何事物。箭头只是限制活动间的关系,并不表示活动的顺序。作用于活动的箭头可以分为以下四类:

(1)输入(Input):VV&A 过程活动需要处理的数据、资源和经验,可以看成活动的条件,箭头标注在盒子的左边,如用户需求、各种 M&S 文档等;

(2)输出(Output):VV&A 活动处理后得到的数据,即 VV&A 的阶段产品,箭头标注在盒子的右边;

(3)控制(Control):说明控制变化的条件、环境或约束,如 VV&A 计划、VV&A 技术与方法等,箭头标注在盒子的上边;

(4)机制(Mechanism):说明执行 VV&A 活动的事物,但本身并不参与转化,可以是人或设备,如 VV&A 角色,箭头标注在盒子的底部。

输入、输出、控制和机制合起来称为 ICOM。因此,作战仿真 VV&A 活动的 ICOM 的描述如图 3 - 12 所示。

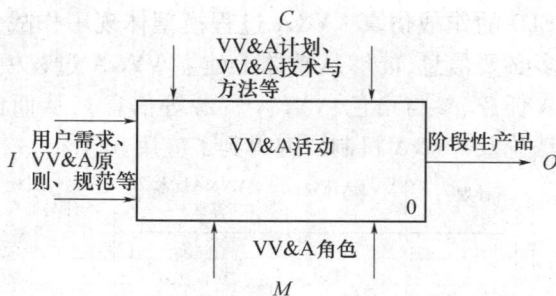

图 3 – 12　VV&A 活动的 ICOM 描述

3.5.2　基于 IDEF0 的 VV&A 过程建模

通过前面的分析,可以得到作战仿真 VV&A 过程中每一个活动的 ICOM 描述。

1)校核需求活动

(1)I 为用户需求、系统目标、需求描述规范、需求分析报告及权威资料;

(2)C 为项目计划、VV&A 计划、VV&A 技术与方法、VV&A 工具与软件等;

(3)O 为经过校核的需求,包含需求校核报告;

(4)M 为 VV&A 角色,包括用户、IV&V 人员、领域专家、开发人员等。

2)验证概念模型活动

(1)I 为经过校核的需求、概念模型建模规范与原则、概念模型及权威资料;

(2)C 为 VV&A 计划、VV&A 技术与方法、VV&A 工具与软件等;

(3)O 为经过验证的概念模型,包含概念模型验证报告;

(4)M 为 VV&A 角色,包括用户、IV&V 人员、领域专家、开发人员等。

依此类推,还可以得到其他 VV&A 活动的 ICOM 描述。将所有 VV&A 活动的 ICOM 描述进行汇总,连接起来,便可以得到基于 IDEF0 的作战仿真 VV&A 过程模型,如图 3 – 13 所示。

基于 IDEF0 的作战仿真 VV&A 过程模型体现了作战仿真 VV&A
过程中的许多必要信息,能够从整体上建立 VV&A 过程模型(包括各
个主要 VV&A 任务、参与角色、VV&A 资源等信息),从而使第 2 章中
的 VV&A 方法论及 VV&A 机制研究得到了应用。

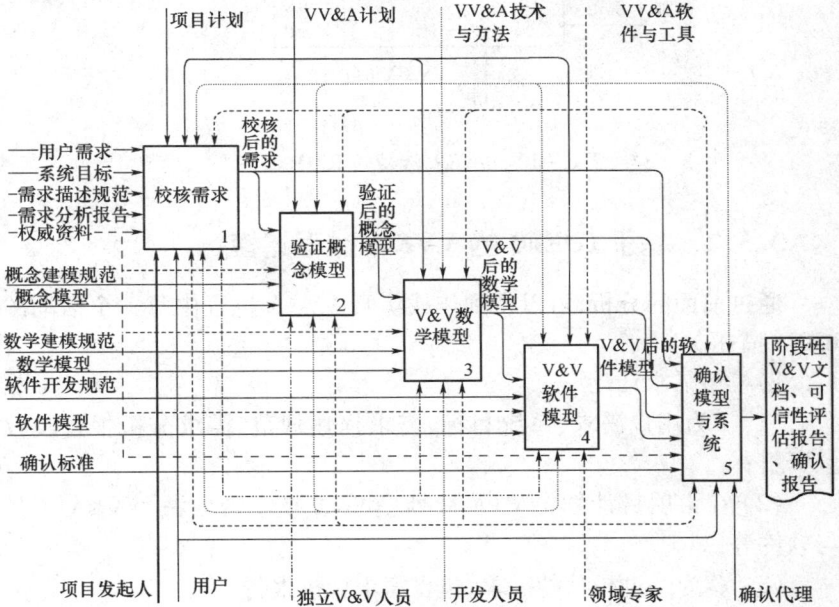

图 3 – 13　基于 IDEF0 的作战仿真 VV&A 过程模型

3.5.3　基于 IDEF0 的 VV&A 过程模型的形式化描述

通过对 VV&A 过程每一个活动的 ICOM 描述的输入、输出、控制和
机制进行整合,可以得到作战仿真的 VV&A 过程中输入、输出、控制及
机制的集合。因此,基于 IDEF0 的作战仿真 VV&A 过程模型可以用一
个四元组来形式化表示,即 $M_{VV\&A} = <I,C,O,M>$。

其中:

$I = \{(req),(aim),(reg),(res),(m),(rep),\cdots\}$ 是所有 VV&A 过
程的输入集合,req 表示需求、aim 表示目标、reg 表示原则、res 表示权
威资源等。输入集合是 VV&A 过程的起点,每一个过程活动的质量都

62

与输入有很大的关系。

$C = \{(pro\_sch), (V\&V\_sch), (V\&V\_Tech), (V\&V\_tool), \cdots\}$ 是所有控制的集合，pro_sch 代表项目计划、V&V_sch 代表 V&V 计划、V&V_Tech 代表 V&V 技术与方法、V&V_tool 代表 V&V 工具与软件。控制集合是实施 VV&A 过程的效率的关键因素，也是 VV&A 活动的质量和规范化的保障。如果能够充分利用好控制集合的资源，将会使作战仿真的 VV&A 过程带来质的转变。

$O = \{(report), (VV\&A\_pro)\}$ 是 VV&A 过程的输出集合，输出 VV&A 过程活动的阶段产品和 VV&A 文档、报告等。输出集合将为模型与系统的确认工作提供依据，也为它们的修改与重用提供参考。

$M = \{(sponsor), (user), (developer), (IV\&V), (SMEs), (A\_agent)\}$ 是 VV&A 过程的机制集合，A_agent 表示确认代理，IV&V 表示独立的 V&V 人员，其余分别代表项目发起人、用户、开发人员、主题专家。机制集合对 VV&A 活动的进度安排、可信性程度、VV&A 成本以及最终的确认等起重要作用。

第 4 章 作战仿真系统需求校核与军事概念模型验证

4.1 引 言

VV&A 工作应该贯穿于作战仿真系统建设的全过程,由第 2 章给出的作战仿真 VV&A 过程模型可以看出,影响作战仿真系统的可信性主要存在于如下几个阶段:作战仿真系统的需求定义、概念模型开发、系统设计、系统开发、集成与测试等。相应地,需要从需求校核、军事概念模型验证、数学模型 V&V 及软件模型 V&V,对仿真过程进行校核、对仿真结果进行验证。

从作战仿真系统研制的阶段来看,需求定义和概念模型开发都是强调仿真系统的顶层设计与开发,是从概念层面描述作战仿真系统,二者存在许多共性的因素。作战仿真系统的建设能否满足用户要求和系统仿真的需要,主要取决于仿真系统的需求和概念模型的正确性。从作战仿真系统的 VV&A 角度来看,这两个阶段的 VV&A 工作需要极强的军事专业知识作保障,参与需求校核与概念模型验证的主题专家主要来自于军事领域,而且以定性的 V&V 方法与技术为主。因此,本书将作战仿真系统的需求校核与军事概念模型验证放在一起进行分析与研究。

本章将主要研究作战仿真系统需求校核与军事概念模型验证。对于需求校核,需要明确需求校核的主要内容及衡量需求质量的主要指标,有针对性地提出校核方法及校核策略;对于军事概念模型验证,需要明确验证的主要内容,有针对性地给出军事概念模型验证的语法、语义、语用及一致性四个指标,提出合适的验证方法。

4.2 作战仿真系统需求校核

4.2.1 作战仿真系统需求校核的重要性

新时期新的军事变革为作战仿真提供了紧迫的军事需求,如何将这些军事需求转化为准确的仿真需求,是作战仿真系统建设成功与否的关键所在。需求之所以重要,是因为它不但是仿真系统建设的动力,而且是对仿真系统的研制具有决策性、方向性和策略性的作用。作战仿真的需求是从理性、技术、应用、可行性等不同层面和角度,提出作战仿真系统的建设目标、功能、性能要求和战术技术指标,为构建一个高效实用的作战仿真系统的科学、透彻的概括。作战仿真的需求不仅是作战仿真系统开发和(或)修改的依据,而且也是仿真系统验证的依据和最终确认的参照标准。对作战仿真系统的测试(尤其是系统验收测试)应该根据需求文档中所规定的预期行为来进行,而不应该根据设计或编码来开展。因此,作战仿真系统的 M&S 需求(简称 M&S 需求)是建立作战仿真系统的根源,好的需求是奠定优秀仿真系统的基础,错误的需求却会带来巨大的损失,甚至将导致一个灾难性的后果。据调查,由于糟糕的仿真需求导致仿真系统建设不成功占到了很大的比例。大量仿真 VV&A 实践表明:仿真系统开发中 80% 的错误是由需求和软件设计阶段引入的(图 4-1),而且错误在系统中存在的时间越长则越

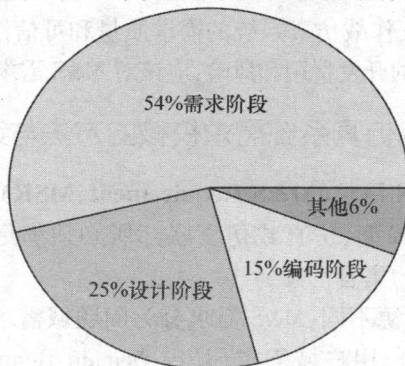

图 4-1 仿真不同阶段的软件缺陷构成示意图

难发现,修正这些错误的代价也越高。据统计,需求阶段修正错误的工作量和成本是系统设计阶段修正错误的1/5,是开发阶段修正错误的1/20,是运行阶段修正错误的1/100,如图4-2所示。

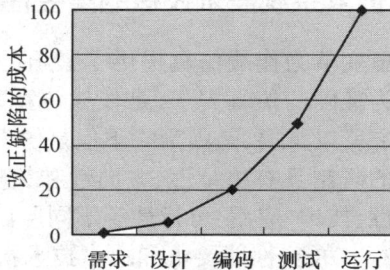

图4-2 不同阶段改正缺陷的成本比例

M&S 需求获取(Elicitation)的主要方法:与作战仿真用户及其上级主管部门交谈,向他们提问题,了解用户的需要;与同行、军事专家交谈,听取他们的意见;分析已经存在的同类作战仿真系统,提取需求;从作战规则、标准规范中提取需求等。通过综合与各个领域(如军事领域、系统分析领域及系统仿真领域等)专家研讨,形成并定义 M&S 需求。在这些需求获取方法与定义过程中,由于专业知识的局限性、项目的保密性以及与主题专家沟通不顺畅等原因,导致 M&S 需求质量不高、需求不可信。

因此,为了保证作战仿真系统的需求质量和可信性,提高系统开发的成功率和降低系统的开发费用和风险,应该对 M&S 需求进行校核研究。

4.2.2 作战仿真系统需求校核的方法与策略

定义4.1 M&S 需求(M&S Requirement,MSR):为服务于一个特定仿真目的,一个模型、仿真或仿真联邦所必须满足的功能、表示、条件、限制和假设等的集合。

根据需求的来源不同,M&S 需求分为问题域需求(Problem Domain Requirement, PDR)、用户域需求(User Domain Requirement, UDR)及仿真域需求(Simulation Domain Requirement, SDR)。

因此,M&S 需求可以形式化定义为 MSR: = (PDR,UDR,SDR)。

其中：

$\mathrm{PDR} = \{\mathrm{pdr}_1, \mathrm{pdr}_2, \cdots, \mathrm{pdr}_n\}$ 表示作战仿真系统的问题域需求，即关于真实世界中必须由模型、仿真或仿真联邦所体现的对象的描述，以及用户需要表达的每一个实体的任务，它是指有关仿真问题本质（如功能、一般任务、兵力及作战条例条令等）的描述。设 pdr_i 表示第 i 个问题域需求 PDR，$|\mathrm{PDR}|$ 表示 PDR 的数目，则 $|\mathrm{PDR}| = n$。

$\mathrm{UDR} = \{\mathrm{udr}_1, \mathrm{udr}_2, \cdots, \mathrm{udr}_m\}$ 表示用户域需求，描述用户能够利用模型、仿真或仿真联邦来解决实际问题的需求，即用户能够使用模型、仿真或仿真联邦来做些什么。UDR 是建立作战仿真系统的原始根源和源动力。设 $|\mathrm{UDR}|$ 表示 UDR 的数目，则 $|\mathrm{UDR}| = m$。

$\mathrm{SDR} = \{\mathrm{sdr}_1, \mathrm{sdr}_2, \cdots, \mathrm{sdr}_l\}$ 表示仿真域需求，描述实现一个模型、仿真或仿真联邦所需要的软件和硬件环境的需求。$|\mathrm{SDR}| = l$ 表示 SDR 的数目。

M&S 需求中三个领域需求的关系，如图 4 - 3 所示。

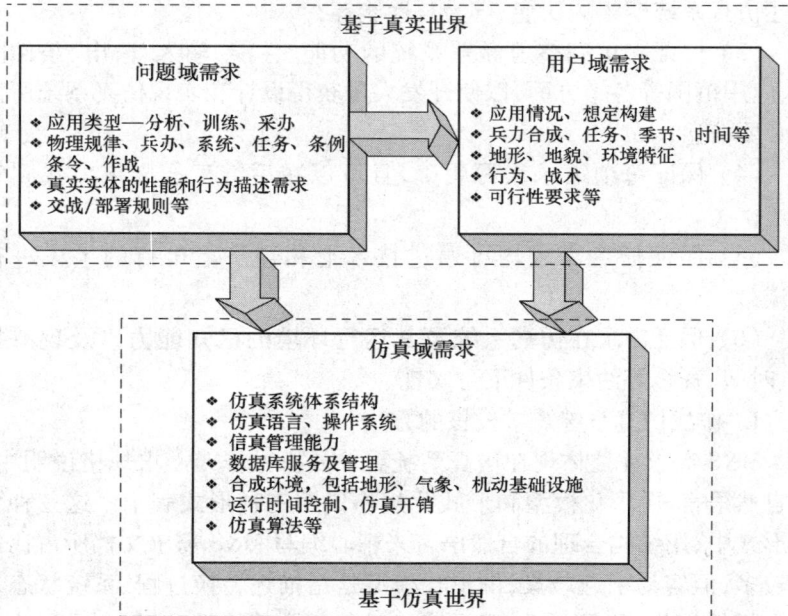

图 4 - 3　M&S 需求的组成及其关系

其中,PDR 和 UDR 是基于真实世界的,体现作战系统的组成要素;而 SDR 是基于仿真世界的,确定作战仿真系统建设的需要。

在实际的 M&S 需求定义中,上述三个领域的需求并没有截然分开,有时同一个需求既存在于用户域也可能属于仿真域,如仿真界面表示、仿真时间等。一般地,用户和主题专家负责规范 PDR 和 UDR,而仿真系统开发人员负责规范 SDR。

定义 4.2 需求校核(Requirement Verification):也称需求检验,是指检查和评估作战仿真系统 M&S 需求的内部一致性、清晰性、无二义性及逻辑上的完备性等,检验 M&S 需求是否正确反映用户的需要,以及检查仿真的设计、开发及实现等全过程对需求的跟踪情况。

一般地,作战仿真需求校核应该达到以下目标:

(1)保证问题域需求、用户域需求、仿真域需求内部和相互之间没有矛盾或冲突;

(2)确保每一项需求只有一个明确、统一的含义,且都能够准确地描述仿真系统期望的功能、行为与性能等;

(3)保证需求完整地涵盖系统的功能、性能、输入/输出、条件限制、应用范围等各个方面,以使开发人员获得设计和实现仿真系统所需的必要信息;

(4)保证每项需求来源明确,且可以在后继工作成果中找到对应点;

(5)保证任意需求均可通过技术上和经济上可行的手段进行测试;

(6)保证需求在仿真系统及其运行环境的已知能力以及现有技术、时间、资金等约束条件下可实现。

1. 作战仿真系统需求校核的方法

M&S 需求往往体现在仿真系统需求分析报告或需求规格说明中,以自然语言、图形化模型和形式化规格说明三种形式表示。这三种表示形式中,用结构合理的自然语言来精心编写 M&S 需求文档所占比例比较多,但容易引起歧义;图形化模型是指描述转换过程、系统状态及其之间的变化、数据关系、逻辑流或对象类及其关系,这种表示形式形象准确,因此也比较常用(如基于 UML 用例描述是需求建模最基本的

68

形式);形式化规格说明是指使用数学上精确的形式逻辑语言来定义M&S需求,这种表示形式具有很高的严密性和精确性优点,但只有极少数软件开发人员才熟悉它,故不太常用。

根据M&S需求的描述形式不同,需求校核的方法也不一样。参考文献[9]总结了仿真VV&A的76种V&V方法,原则上都可以用于需求校核。但是,由于M&S需求主要以自然语言和图形化模型两种形式表示,通过全面深入分析,本书认为非形式化方法、模型执行以及基于领域本体检验等几类方法比较适用于作战仿真系统的需求校核。这些方法各有所长,采用何种校核方法视具体情况而定。

1)非形式化方法

对于基于自然语言描述的需求,一般采用非形式化方法进行校核,主要包括审核、检查、审查、桌面检查法、表面验证法等。校核时,需求校核人员对照需求分析报告,对M&S需求的各项内容逐一进行分析与检查。

这种方法实施过程简单,比较实用,是一种最常用的需求校核方法。非形式化方法往往使用两种标准技术,即需求评估和需求追踪。

例如,在校核"××火力打击作战"中空军作战的M&S需求时,采用非形式化校核方法,分两步进行实施:

首先,聘请军事专家对需求进行评估,评估的内容包括红方和蓝方的需求。

(1)红方的需求应该包含以下方面:

① 组织实施空中打击,摧毁敌指挥系统,压制敌防空体系,削弱敌战争潜力,夺取并保持制空权;

② 组织实施区域防空,保证作战态势稳定和重要目标安全;

③ 组织实施空中侦察,监控战场动态及打击效果;

④ 严密监视强敌动向,抗、反、防相结合。

(2)蓝方的需求主要是体现防空作战,即抗击红方空中突袭,应该包含以下内容:

① 歼击机攻击红方空中目标;

② 侦察机对红方目标实施侦察;

③ 预警机探测红方空中或地面目标,指挥己方兵力实施攻击;

④ 电子干扰机对红方防空体系内的雷达和无线电通信设备等实施电子干扰,有效地保障航空兵顺利突防突击;

⑤ 地空导弹、高射炮从地面发射攻击红方空中目标的导弹。

其次,VV&A 人员对照所有的设计文档对需求进行追踪。

上述两步的结果综合起来,便是对该需求进行校核的结果。

2）模型执行

对于采用图形化模型描述的需求,常采用模型执行的方法进行检验,如基于需求状态机语言（Requirements State Machine Language, RSML）和基于 UML 的检测方法。

采用模型执行校核方法的前提条件是需求描述语言或需求模型是可执行的。用于定义需求的可执行的需求描述语言或模型是较严格的形式化语言,并且也是一种特殊的程序设计语言,作为这些语言的代表主要有 Statecharts、UML 和 RSML 等。这种校核方法的特点是能帮助校核人员找出需求说明书中存在的错误,并协调参与开发工作的各种人员间的认识和选择最佳设计方案。因此,这种方法是比较实用而又灵活的方法。

由第 3 章可知,UML 的用例图是描述作战仿真系统 VV&A 过程的需求模型的最常用形式。基于 UML 的需求校核主要是检查作战仿真系统 VV&A 过程的用例图中的用例与角色的关系、角色与角色的关系是否正确,即箭头的形状和方向是否正确。

3）基于领域本体检验

定义 4.3 需求本体（Requirement Ontology）：是指对特定类型仿真领域中的需求概念进行描述,包括一组需求术语、关于需求术语的知识以及术语之间的关系。

M&S 领域的需求本体可以形式化表示为 $RO = <ID, C, R>$,ID 是仿真领域标识符,C 为需求概念集,$R \subseteq C \times C$ 表示这些需求之间关系集。其中,关系集 R 又可以定义为以下 5 种关系,即 $R = <association, SubClass, Union, Equivalent, Disjoint>$。association 表示一般意义上的关联关系;SubClass 表示"子类"关系,形成了概念之间的逻辑层次结构;Union 表示"整体—部分"关系;Equivalent 表示需求概念的"等价"关系;Disjoint 表示需求概念之间"不相交"关系。

M&S 领域的需求本体提供了一套对仿真领域需求的共享,使得这些需求知识在共享的范围内具有大家共同认可的、明确的、唯一的定义,帮助人们与机器实现准确交流。

对于采用领域本体描述的需求,一般采用基于领域本体检验的方法进行校核,即从语法、语义和语用三方面检查每一项需求是否满足领域本体中的公理集合。基于领域本体的需求校核就是检查仿真需求是否与仿真领域本体存在一致性。出现不一致的情况往往是由不相交关系 Disjoint 引起的。

因此,在判断仿真需求与仿真领域本体的一致性时,主要是围绕不相交关系来进行考虑。基于领域本体的需求校核的流程,如图 4 - 4 所示。

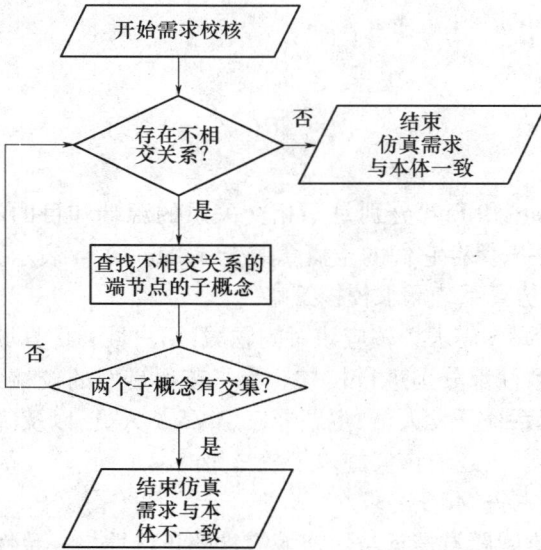

图 4 - 4 基于领域本体的需求校核流程

仿真需求与仿真领域本体一致性检查(ConsistencyCheck)算法如下所示。

算法 4.1:仿真需求与仿真领域本体一致性检查(Consistency-Check)

71

输入:仿真需求 Req 与仿真领域本体 RO

输出:一致性检查结果,一致为真(true),不一致为假(false)

```
Bool ConsistencyCheck( )
{
    if Req is not disjoint with RO then
    return true;
end if
for each relation ∈ relationList
if relation = disjoint then
invoke SearchChildSet( relation. Start, strStart); //深度优先搜索开始
invoke SearchChildSet( relation. End, strEnd); //深度优先搜索结束
if strStart = strEnd then
    return false;
end if
end if
next
}
```

其中,Start 和 End 分别是不相交关系的源端和目的端;strStart 和 strEnd 分别用来保存它们的子概念集合;relation List 表示关联列表。

2. 作战仿真系统需求校核策略

完整的 M&S 需求校核应该对问题域、用户域和仿真域三个领域的需求及其一致性都分别进行校核。为了获得良好的校核效果,不但需要用户、仿真系统开发人员、主题专家、VV&A 人员,以及确认代理等有关人员共同参与,还应该实施以下校核策略。

1) 按域审查 M&S 需求

首先审查问题域需求与用户域需求的正确性与一致性等方面。问题域和用户域的需求描述的是真实世界事件,属于本体论范畴,它们的建立过程要先于仿真域需求,而且基本上与仿真域需求的建立过程相独立,故应该先全面审查这两个域的需求。

其次审查仿真域需求。仿真域需求是从问题域需求与用户域需求中导出的,是描述作战仿真系统在能够实现的情况下,需要在硬件和软件两个方面得到满足的要求。审查仿真域需求就是检查需求所规定的

硬件和软件环境是否满足用户域需求、问题域需求以及仿真的要求。

表 4-1 给出了"联合火力打击作战"中空军作战集团的 M&S 需求定义。

表 4-1 "联合火力打击作战"中空军作战集团的 M&S 需求定义

问题:开发"联合火力打击作战样式"序列,空军作战任务列表		
问 题 域	用 户 域	仿 真 域
一般的联合作战区域设置; 一般红蓝双方对抗; 战区 C^4I; 空中作战条令等	特定的红蓝双方对抗; 空中打击; 战区防空; 航空侦察; 防空作战; 特定的指挥所; 季节、时间和天气; C^4I 界面; 战术等	计算机硬件; 软件语言; 数据库管理系统时间、 数据格式; 仿真结构、接口; 仿真管理; 仿真算法; 仿真界面等

2）分阶段审查 M&S 需求

通常,作战仿真系统的初始需求集是不完善的,并且存在或多或少的缺陷。随着仿真系统建设的推进,需求在不断变更和完善。因此,建立完整的 M&S 需求需要一个反复迭代的过程。全面的 M&S 需求校核应该在需求形成的过程中进行分阶段多次审查,每进行一次变更,都应该对变更后的需求进行检验,而不是在需求最终形成后才进行仅有的一次审查。这样,便可以将原本需要进行的大规模审查拆分成各个小规模的阶段性审查,降低了需求分析返工的风险,提高了审查质量,从而确保 M&S 需求的可信性。

3）分层次审查 M&S 需求

作战仿真系统的多层次性决定了它的 M&S 需求也具有多个层次,如联合作战仿真系统的需求可以分为联合作战系统层的需求、各军种的分系统层需求、各作战单元层的需求等,每一个层次的需求不可信都会影响整个作战仿真系统的需求可信性,应该对 M&S 需求分层次进行

校核。

4.2.3 作战仿真系统需求校核的指标

对于作战仿真系统而言,高质量的 M&S 需求的重要性不言而喻。一份好的仿真系统需求分析报告(又称需求规格说明)可以概括为"内涵一致,外延完整",它是在不断的校核过程中形成的。需求校核可以确保每一项需求的内容是正确的、具备了所需的质量属性,而且能够满足用户的需要。M&S 需求校核的指标总体上包括需求的正确性、完整性、清晰性、一致性、可测试性、可行性、可修改性、可追踪性等。下一节将介绍需求的一致性校核,本节重点校核以下几个方面。

1. 正确性

正确性是指每一项需求必须准确地描述将要开发的仿真系统期望的功能、行为与性能等。不正确的需求必将导致严重的后果,也就是说,在错误的需求下开发的仿真系统肯定满足不了用户的需要。需求是否满足用户的需要是判断其正确性的依据。

2. 完整性

完整性是指 M&S 需求集合能够完整地描述系统的功能、性能、输入/输出、条件限制、应用范围等方面,以使开发人员获得设计和实现仿真系统所需的必要信息。完整性包含两个方面的含义:一是不能遗漏任何必要的需求项;二是每一项需求都必须将要实现的功能描述清楚。描述内容覆盖面越广,完整性越好。需求规定得越完整、详细,仿真系统的开发工作越容易开展。

3. 清晰性

清晰性包含无歧义性、可理解性,是指每一项需求说明只有一个明确统一的解释。确保 M&S 需求的清晰性的一种有效措施是在需求规格说明书中使用标准化术语,并对术语的语义进行显式的、统一的说明。

4. 可追踪性

可追踪性是指 M&S 需求分析报告必须将分析后获得的每项需求与用户的原始需求清晰地联系起来,并为后续的系统开发、测试和确认以及其他文档引用提供便利。对需求的可追踪性检查可以保证每一项

需求来源非常清晰、明了,方便引用。

作战仿真系统需求的追踪性往往又可以分为前向追踪和后向追踪。前向追踪,又称正向追踪,是指检查每一项需求是否都能在后继工作成果中找到对应点,如检查从问题域需求与用户域需求到仿真域需求的追踪,从 M&S 需求到仿真系统的开发、实现的追踪;后向追踪,又称逆向追踪,是指检查后续的工作成果是否都能在需求分析报告中找到出处,如从仿真需求到用户需求和问题需求的追踪,从仿真系统的开发、实现到 M&S 需求的追踪也属于后向追踪。

在实际的需求追踪研究过程中,既需要前向追踪又需要后向追踪,合称为"双向追踪"。不论采用何种追踪方式,都要建立需求追踪矩阵,从而保存需求与后继工作成果的对应关系。

5. 可测试性

可测试性是指对于任意需求,均应存在技术上、方法上和经济上可行的手段进行测试,如用演示、检测等来确定产品是否实现了需求。如果需求不可测试,则开发的产品就会成为主观臆断,而非客观分析。

对于作战仿真系统而言,需求的可测试性非常重要,它是作战仿真模型及仿真系统测试、验证与确认的衡量指标。

6. 可行性

可行性是指 M&S 需求必须能够在仿真系统及其运行环境的已知能力和约束条件内实现。可行性对于一个良好的 M&S 需求而言也比较重要,如果制定的需求在现有技术和资金的条件下,没有可行性和可操作性,这样的需求即使看起来不错也是无用的,只能是"画蛇添足",应该被剔除,否则将会给系统开发带来不必要的麻烦。

7. 可修改性

可修改性是指 M&S 需求分析报告的格式和组织方式应保证能够比较容易地接受后续的增、删和修改,并使修改后的报告能够较好地保持其他各项属性。M&S 需求制定需要一个过程,而且随着用户、系统开发人员及 VV&A 人员对被仿真的对象认识逐步深入,需求也在不断变化,这就要求需求分析报告具有可修改性,以满足需求的修订和维护的需要。

4.2.4 作战仿真系统需求一致性校核

M&S 需求的一致性是评价需求优劣的一个重要指标,不一致的 M&S 需求必将导致开发的作战仿真系统无法满足用户的要求。作战系统的复杂性导致了作战仿真系统的需求获取和定义存在困难,出现了需求不一致,其主要原因如下:

(1)源模糊性,表现为现实军事世界固有的模糊性、不一致性和不确定性;

(2)认识的模糊性,表现为在需求获取过程中参与需求建模的人员对问题域的理解上的模糊性、不一致性和不确定性;

(3)多源性,表现为作战仿真系统的需求需要多方面的人员的共同参与,存在多个需求的来源;

(4)多方面性,表现为对作战仿真的 M&S 系统定义需要从不同方面进行分析,以获得完备的系统需求。

定义 4.4 需求一致性及其度量:需求一致性是指 M&S 需求分析报告中各部分之间的需求和各个领域之间的需求没有差异或不相矛盾,而需求一致性度量则是对需求的一致程度的定量表述和计算。

M&S 需求的一致性包括以下两个方面内容:

(1)语法一致性(又称逻辑一致性),即作战仿真系统的需求分析报告中描述的各项需求不相矛盾,主要表现为使用统一术语标准、功能和行为特征方面描述一致,以及时序方面的前后一致等;

(2)语义一致性,即 M&S 需求在用户域、问题域和仿真域三个领域中的描述含义是一致的,彼此之间没有矛盾和冲突。

因此,M&S 需求的一致性校核应该分为语法一致性校核和语义一致性校核。

1. 语法一致性校核

语法一致性校核就是检查作战仿真系统的需求分析报告中描述的各项需求是否存在矛盾和不一致。

语法一致性校核可以形式化描述如下:

对于一份作战仿真系统的需求分析报告 R,如果存在一个命题 a,使得 $R \rightarrow a$ 且 $R \rightarrow \neg a$,则可以称此需求分析报告是不一致的,语法一致

性校核就是删去所有的¬a。

若一个 M&S 需求 R 由有限多个需求 r 组成,即 $R = \{r\}$,则一个不一致需求 R 可以表示为 $\bigcap\limits_{r \in R} r = \text{false}$,那么,所有最大一致需求子集可以形式化定义为 $\text{SR} = \{R' \mid R' \subset R, \bigcap\limits_{r \in R'} r = \text{true}, \forall t \in R - R', t \cap (\bigcap\limits_{r \in R'} r) = \text{false}\}$。

规定每一个需求 r(r 是正整数)有一个权 $\text{weight}(r)$ 且 $\text{weight}(R) = \sum\limits_{r \in R} \text{weight}(r)$,则 $\text{SR}' = \{R' \mid R' \in \text{SR}, \text{weight}(R') = \text{maximal}\}$ 为 R 的全体具有最大效益的一致需求子集。并称 $\text{consistency} - \text{defect}(R) = \dfrac{\text{weight}(R) - \text{weight}(R')}{\text{weight}(R)}$ 为原需求 R 的加权不一致量,表示原 M&S 需求不一致的严重程度。

一个需求 R 的所有极小不一致需求子集可以形式化表示为 $\text{SR}'' = \{R' \mid R' \subset R, \bigcap\limits_{r \in R'} r = \text{false}, \forall t \in R', \bigcap\limits_{r \in (R'-t)} r = \text{true}\}$。

R' 的不一致性可以用它的矛盾数 $|\text{SR}''|$ 来表示。

说明如下:

(1)从 R 中删去任何一个需求不会增加矛盾;

(2)如果需求 r 不属于极小不一致需求子集 S,则删去 r 不会影响 S 的不一致性。

因此,假设 r 同属于 k 个不同的矛盾,则删去 r 会减少 k 个矛盾,使 $R - \{r\}$ 的矛盾总数变为 $|\text{SR}''| - k$。

定义需求 R 中每一个矛盾点 r 对需求不一致造成的影响的严重程度为 $\text{Impact}(R, r) = \dfrac{\text{weight}(R) - \text{weight}(R - \{r\})}{\text{weight}(R)}$。

需求 R 的一个矛盾点序列 $X = (r_1, r_2, \cdots, r_n)$ 定义如下:

(1)r_1 是原需求 R 的一个矛盾点;

(2)对于每一个 $j < n$,在依次删去 j 个矛盾点 $(r_1, r_2, \cdots, r_j)$ 后,r_{j+1} 仍然是 $R - \{r_1, r_2, \cdots, r_j\}$ 的一个矛盾点。

矛盾点序列 $X = (r_1, r_2, \cdots, r_n)$ 对 R 的不一致性影响的严重程度为

$$\text{Impact}(R, (r_1, r_2, \cdots, r_n)) = \frac{\text{weight}(R) - \text{weight}(R - (r_1, r_2, \cdots, r_n))}{\text{weight}(R)}。$$

如果 r_j 是 R 的矛盾点序列$(r_1, r_2, \cdots, r_n)$的第 j 个矛盾点,则 r_j 给 R 带来的不一致性是:

$$\text{Impact}(R, r_j/(r_1, r_2, \cdots, r_{j-1})) = \text{Impact}(R, (r_1, r_2, \cdots, r_{j-1})) - \text{Impact}(R, r_j/(r_1, r_2, \cdots, r_j))_\circ$$

如果从需求 R 中删去矛盾点序列$(r_1, r_2, \cdots, r_n)$后,剩下的部分便成为无矛盾的,则称$(r_1, r_2, \cdots, r_n)$为需求 R 的一个矛盾点完备序列。令 $L = \{x \mid x$ 为 R 的矛盾点完备序列$\}$,$L' = \{x \mid x \in L, \text{Impact}(R, x) = \text{minimal}\}$,则称 L' 为最佳矛盾点完备序列集。

那么,$R' = \{R - x \mid x \in L'\}$ 为 R 的具有最小损失的一致性需求子集,它等价于最大一致需求子集。

M&S 需求的语法一致性校核的目标就是要求的一个最大一致需求子集。

2. 语义一致性校核

语义一致性校核主要指检查三个领域需求之间的含义是否一致,最关键的是检查用户域需求与问题域需求之间的一致性。图 4-5 为需求的语义一致性关系,其中问题域需求与用户域需求的一致性具有对称性,用双向箭头表示,而仿真域需求分别由问题域需求与用户域需求分析、推导出来,故它与问题域需求及用户域需求只具有单向性,用单向箭头表示。

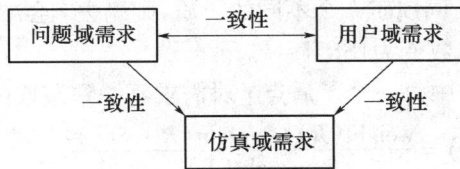

图 4-5　M&S 需求语义一致性关系

在 M&S 需求语义一致性校核中,用户域需求与问题域需求的一致性是审查的关键,如果二者不一致,后续的仿真域需求就不能顺利推导出来。

用户域需求与问题域需求的一致性校核结果可以用二者的一致性度量来进行定量描述,又称为一致度(Degree of Consistency, DOC)。

设 $\mathbb{C}$（UDR,PDR）表示用户域需求 UDR 与问题域需求 PDR 的一致度,则 $\mathbb{C}$（UDR,PDR）满足以下条件:

（1）$0 \leqslant \mathbb{C}$（UDR,PDR）$\leqslant 1$;

（2）$\mathbb{C}$（UDR,PDR）$= \mathbb{C}$（PDR,UDR）;

（3）if $\mathbb{C}$（UDR, PDR）$= 1$,then 用户域需求与问题域需求完全一致;

（4）if $\mathbb{C}$（UDR,PDR）$= 0$,then 用户域需求与问题域需求完全不一致。

上述条件中,（3）与（4）是两个极端情况,现实中一般不会存在。比较用户域需求与问题域需求的一致性时,先要确定需要比较的元素,称这些元素为比较元;接下来分析各比较元之间的一致性;在此基础上进一步分析两个域间的需求一致性。

在模糊理论中,比较两个模糊集合的相似程度可以用它们之间的距离来度量。本书引入"距离"的概念来计算不同领域需求各比较元之间的一致性问题。

设问题域需求的集合为 $Y = \{y_1, y_2, \cdots, y_m\}$,用户域需求的集合为 $Y' = \{y'_1, y'_2, \cdots, y'_n\}$,其中, y_i 与 y'_1 构成一对比较元。实际执行时,不需要对所有元素进行比较,只需选择我们感兴趣的、重要的元素进行比较即可。对 y_i 与 y'_1 按一定的时间间隔采样并作归一化处理,得到两个长度为 l 的离散样本序列 $(y_i(1), y_i(2), \cdots, y_i(l))$ 和 $(y'_i(1), y'_i(1), \cdots, y'_i(l))$,根据以下公式可以计算两个域之间的需求一致度:

- Hamming 一致度

$$\mathbb{C}_i^H(\text{UDR}, \text{PDR}) = 1 - \frac{1}{l} \sum_{k=1}^{l} |y_i(k) - y'_i(k)|$$

- Euclid 一致度

$$\mathbb{C}_i^E(\text{UDR}, \text{PDR}) = 1 - \frac{1}{\sqrt{l}} \left(\sum_{k=1}^{l} (y_i(k) - y'_i(k))^2 \right)^{\frac{1}{2}}$$

同理,也可以用一致度来度量仿真域需求与问题域需求及用户域需求的一致性。综合以上一致性结果,便可以得到作战仿真系统 M&S 需求的一致性。

4.3　作战仿真系统军事概念模型验证

对作战仿真系统的 M&S 需求进行全面校核并通过以后,便可以对作战仿真系统进行设计与开发。一般地,作战仿真系统的设计与开发工作需要进行三次抽象,即概念抽象、数学抽象和软件抽象,如图 4-6 所示。

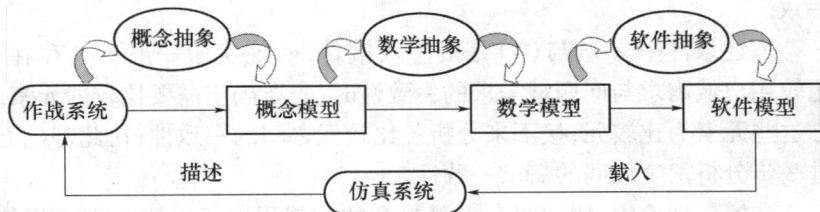

图 4-6　作战仿真系统的三次抽象过程

图 4-7 中,概念抽象是现实空间至概念空间的逻辑映射与表达,数学抽象是概念空间至数学空间的映射与表述,软件抽象是数学空间至仿真空间的映射与表述,此为仿真模型抽象三原则。抽象的过程与结果是否正确、可信,将决定作战仿真系统的正确性和可信性,因此必须对抽象的过程与结果进行 VV&A,即概念模型验证、数学模型 V&V 与软件模型 V&V。本节主要研究概念模型验证,数学模型 V&V 与软件模型 V&V 将在第 5 章进行介绍。

4.3.1　军事概念模型验证的重要性

定义 4.5 概念模型(Conceptual model):为了某一应用目的,运用语言、符号和图形等形式,体现用户和开发人员对真实世界及其活动进行的抽象与描述的概念信息集。这些信息集包括对实体、对象、算法、关系和数据以及假设条件和限制条件等。

这个定义包含三层含义:概念模型是一种概念化描述,概念模型是独立于系统执行的,概念模型的作用是为用户(包括领域主题专家)和仿真开发人员提供一座相互沟通的桥梁。

80

对于作战仿真系统,概念模型类型比较多,主要分为两类:一类为与作战有关的概念模型,如描述作战任务的概念模型、使命空间功能描述(FDMS)、任务空间概念模型(CMMS)等,本书为了便于表达,将这些概念模型统称为军事概念模型;另一类为与仿真系统相关的概念模型,如描述仿真系统组成结构的概念模型及仿真平台软件的概念模型等。本书研究的重点是军事概念模型。

定义4.6 军事概念模型(Military Conceptual model,MCM):根据某作战使命的目的,运用语言、符号或图形等形式,对拟仿真的军事世界中的有关实体、任务、行动和相互作用所进行的抽象与描述的概念信息集。这些信息集包括实体、对象、算法、关系和数据,以及假设条件和限制条件等。

如图4-7所示,军事概念模型是独立于作战仿真系统开发之外的、对真实作战系统进行的第一次概念抽象。抽象得是否正确,需要检验。只有正确的军事概念模型才能用来开发作战仿真系统。因此,军事概念模型与真实作战系统、作战仿真系统之间存在这样的关系:真实作战系统、军事概念模型与作战仿真系统之间的正向关系表现为抽象与实现关系,逆向关系表现为校核与验证关系,如图4-7所示。因此,可以认为军事概念模型是连接真实作战系统与作战仿真系统的桥梁。军事概念模型必须客观、正确地反映真实作战系统的特征与概念空间,正确、可信的军事概念模型才能服务于作战仿真系统的设计与开发。

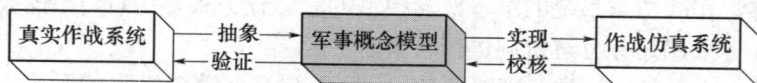

图4-7 军事概念模型与真实系统、仿真系统之间的关系

作战仿真的军事概念模型的作用主要表现如下:

(1)军事概念模型是对作战系统的概念抽象,能够对知识进行形式化和结构化描述,为后续的仿真系统设计、开发与实现提供了可靠的依据。

(2)由于人的参与导致作战系统受很多偶然因素的影响,结果具有不确定性;而且系统的条件空间非常庞大,很难做到穷尽测试。通过

建立系统的概念模型以后,能够从仿真系统内部考察其建模机理,利用概念模型保留的大量原始数据,判断模型是否逼真地表达了作战系统的状态和行为,并以此为依据来验证和确认仿真系统。

(3)军事概念模型是一种建立在军事专家、系统分析专家以及仿真技术专家之间的桥梁,不同领域专家可以通过它进行交流并获取反馈信息。

(4)建立军事概念模型是一种严格的工作程序,可以使得作战仿真系统的 M&S 过程更加规范。

(5)遵循科学合理的建模原则,在通用语义语法环境下、采用适当的方法建立军事概念模型是改进作战仿真系统设计性能的一种方法,能够提高仿真系统描述的准确性,从而大大改进系统及模型的重用性。

综上所述,建立正确的军事概念模型非常重要,否则,后续的仿真系统的设计与开发工作相当于在回答一个"错误的问题"。

4.3.2 军事概念模型验证的形式化定义

定义 4.7 军事概念模型验证(MCM Validation,MCMV): 军事概念模型验证可以形式化定义为 $MCMV: = (T, O, E, C, R, \delta_e, \delta_s, \delta_u, \delta_c, \delta_t)$。

其中:

T 表示所有的验证任务集合,是所有军事概念模型的验证任务的总称。作战仿真系统的军事概念模型的验证任务很多,具体操作时,要将任务按照任务分解机制进行分解。

O 表示所有的被验证对象集合,是所有军事概念模型的验证对象的总称。作战仿真系统的军事概念模型的验证对象主要有系统的任务空间概念模型、各军种的军事概念模型、联邦概念模型等。

E 表示所有军事概念模型验证事件集合。

C 表示军事概念模型验证中所有的条件集合。

R 表示军事概念模型验证中所有的关系集合。

$\delta_e: 2^E \times 2^C \rightarrow T$ 表示验证的事件泵。$\forall e \in 2^E$, $\forall c \in 2^C$, $\forall t \in T$, 如果有 $\delta_e(e, c) = t$, 那么如果 e 中所有事件发生,并且 c 中所有条件满足,那么启动任务 t 的执行。

$\delta_s:T\rightarrow2^T$ 描述验证任务的上下级关系。$\forall t\in T,\delta_s(t)$ 表示任务 t 的所有下级任务组成的集合。$\forall t\in T$,如果 $\delta_s(t)=\Phi$,表示 t 没有下级任务,那么 t 就叫做原子任务。

$\delta_u:T\rightarrow O$ 描述验证任务与其被验证对象的关系。$\forall t\in T,o\rightarrow O$, $\delta_u(t)=o$ 表示任务 t 的被验证对象是 o。

$\delta_c:T\times T\rightarrow\{0,1\}$ 描述验证任务之间的冲突关系。如果两个任务由于资源竞争、属性矛盾或其他原因导致二者不能同时启动,我们称这两个验证任务冲突。$\forall t_1,t_2\in T,\delta_c(t_1,t_2)=1$ 表示 t_1 和 t_2 两个任务冲突;$\delta_c(t_1,t_2)=0$ 表示 t_1 和 t_2 两个任务可以并发执行。

$\delta_t:T\rightarrow T$ 描述验证任务之间的顺序执行关系。$\forall t_1,t_2\in T$, $\delta_t(t_1)=t_2$ 表示任务 t_1 执行完成之后启动任务 t_2 的执行。

4.3.3　军事概念模型验证步骤

军事概念模型验证的过程主要分为以下几个步骤:

1)确定验证的范围和建立评价标准

理想状况下,军事概念模型验证的范围包括军事概念模型的所有方面。但在实际中,只局限于仿真所关心的重要方面。军事概念模型的评价标准包含两个方面:一方面是要满足仿真系统需求的能力,另一方面是具备支持日后共享和重用的能力。本书的第 6 章将给出的 XX 作战仿真的军事概念模型评估指标可以作为军事概念模型的评价标准重要参考。

2)确定验证人员

军事概念模型验证的人员一般由用户、仿真开发人员、VV&A 人员、上级作战部门和主题专家 SME 等组成。为了保证军事概念模型验证的客观性和公正性,应该严格按照 IV&V 的要求开展验证工作。

在验证过程中,领域专家的作用非常重要,他们的独立性、称职性、判断力及信任力等都将直接影响到军事概念模型验证的结果。因此,聘请的领域专家必须是资深的军事领域专家、知识工程专家和仿真设计专家。军事领域专家为权威的军事人员,主要负责军事概念的检验;知识工程专家主要负责知识描述的正确性检查;仿真设计专家主要负责概念模型实现的检验。

3）制定验证的过程和计划

这一步主要工作是制定详细的验证计划、确定验证过程、决定验证的组织方式。验证计划说明了验证的指标、过程和时间进度安排，以及资源需求和撰写评估文档规范；验证过程包括概念模型是如何收集、整理的，是如何传递给验证人员的以及文档是如何管理的；组织方式主要包括与军事概念模型开发人员进行面对面交流、专家质询、开发人员汇报答辩，以及对模型文档进行验证。

4）执行验证

这一步包括安排验证相关人员、获取适当的材料、选用合适的验证方法、监控验证过程和收集验证结果等工作。对于模型的关键部分和重要部分，必须进行深入的分析和研究。在验证过程中，应该做到兼顾全面、突出重点。

5）分析并评估验证结果

认真分析验证结果，当验证人员误解了模型描述，模型开发人员可以进行申诉；当模型的确存在问题时，开发人员必须认真修改、完善模型。VV&A人员应该对验证进行可信度评估，以备军事概念模型确认之用。

6）形成军事概念模型验证报告

VV&A人员收集验证结果，综合验证结论，形成验证报告。验证报告将与被收集的材料一同上交概念模型的主管部门或用户，作为军事概念模型确认时的依据。经过确认后的概念模型可以存放在模型库中，以被使用和重用。

4.3.4 军事概念模型验证方法

军事概念模型主要针对军事知识及作战系统的描述，定性成分高、定量成分低。MCM的表示语言通常有自然语言、形式化语言（UML、IDEF、实体—关系图、可扩展标记语言等）和严格的数学定理表达式等。军事概念模型由静态描述与动态描述两部分组成。静态部分的内容比较容易理解和检查；动态部分的内容由于其复杂性难于通过阅读式的审查发现其中的错误，可使用概念执行验证法，利用军事概念模型的执行语义，在人机交互条件下验证军事概念模型的动态部分，也可以

使用定性的方法进行评估。

综上所述,作战仿真军事概念模型验证的方法主要有非形式化方法、静态方法及形式化方法,其中,非形式化方法及静态方法研究比较广泛而且深入,所以本书重点研究形式化验证方法。

1. 非形式化方法

非形式化方法是军事概念模型验证最常用的方法,它包括审核、检查、审查、桌面检查法、表面验证法等,主要应用于采用自然语言为主描述的军事概念模型。

2. 静态方法

静态方法主要应用于采用形式化语言描述的军事概念模型,它包括因果图、控制分析、数据分析、接口分析、语义分析、结构分析、语法分析、可追溯性分析等。这种方法用于验证概念模型的静态设计,不需要模型的机器执行,但需要手工执行。

3. 形式化方法

形式化方法是通过严格的逻辑运算或推理来发现概念模型的问题,是最精确、最严格的方法。对于采用严格的数学定理表达式描述的军事概念模型,一般采用形式化方法进行验证,它包括归纳、推理、逻辑演绎、归纳断言、谓词运算、谓词变换、正确性证明等。下面将介绍基于时态逻辑的概念模型验证方法和形式化证明方法。

1)基于时态逻辑的验证方法

时态逻辑(Time Logic,TL)能从自然语言中直接导出,它与离散事件系统(DEVS)基于事件的性质相一致。作战仿真系统的时态逻辑 TL 由系统的概念模型决定,故基于 TL 的检验常用于概念模型验证。

(1)TL 的元素。TL 的元素是包括模态、语法、语义和产生规则。以时间为基础的模态可分为未来时间算子和过去时间算子两类,布尔量用于构成公式。算子和布尔量的含义,如表 4 - 2 所列。

语法是指时间陈述的表示,语义定义为基于谓词集的函数。包含时间陈述的命题被称为公式,产生规则决定如何建立正确的公式,一个 TL 公式定义了模型状态和模型满足的命题之间的联系。一个传统时态逻辑的模型是状态序列 $\sigma = \{s_0, s_1, \cdots, s_n\}$,每个状态由一组命题定义。

表 4 - 2 时间算子和布尔量的含义

未来 时间算子	符号	□	◇	U	W	o
	含义	Always	Eventually	Until	waiting – for	next
过去 时间算子	符号	⊟	⟡	S	B	⊖
	含义	so – far	once	since	back – to	reviously
布尔量	符号	¬	∧	∨	∀	∃
	含义	否定	and	or	量词	量词

（2）TL 公式及其分解。定义 4.8TL 公式：令 Φ 是一组命题，那么：对所有 $p \in \Phi$，则 p 是一个公式；令 Φ 是一个公式，那么 ¬ Φ、□ Φ、◇ Φ 是一个公式；令 Φ_1，Φ_2 是公式，那么（$\Phi_1 \wedge \Phi_2$），（$\Phi_1 \vee \Phi_2$），（$\Phi_1 \Rightarrow \Phi_2$），（$\Phi_1 \equiv \Phi_2$）是公式。

在基于 TL 的检验中，需要将 TL 公式分解为简单的逻辑算子，并给出产生规则来产生使用分解规则的字符串，并得到时态逻辑公式的正则语法。正则语法表示为（V_N，V_T，P，S），其中 V_N 和 V_T 是有限字母表，$V_N \cap V_T = \varnothing$，$V_N$，$V_T$，$S$ 和 P 分别是 TL 公式集、非 TL 公式集、开始符号和所有分解规则集。

TL 公式的分解算法如下所示。

算法 4.2：TL 公式的分解

Step1：initial symbol S←TL formula（S 是状态集的一个成员，$S \in \sigma$，s ⊢ p）；

Step2：apply decomposition rules to TL formulas，and，add deposition rule to production rules in the first time；

Step3：if $f \notin$ TL and $f \in$ Result

$V_T \leftarrow V_T \cup f$

end

Step4：if $f \in$ TL and $f \in$ Result

$V_N \leftarrow V_N \cup f$

goto Step2

end

Step5：if $f = \varnothing$

stop；

end

（3）基于 TL 的语法和语义验证。

① 语法验证：TL 公式的语法 G 通过应用分解算法得到。

G 的有限自动机 M 的定义为 $M: = <\sigma, \Sigma, \delta, q_0, F>$。

其中：

σ 为有限状态集，$V_N \cup \{f\}$，f 是新被定义的最终状态，$f \in F$；

Σ 为有限输入字符集，TL 语法的 V_T 集；

$\delta: \sigma \times \Sigma \rightarrow \sigma$ 为转换函数；

q_0 为初始状态，TL 语法的开始符号为 S；

F 为最终状态集，$F \subseteq Q$。

G 的开始符号称为 M 的初始状态 q_0。

如果产生规则是 $A \rightarrow aB$，则转换函数为 $\delta(A, a) = B$；如果产生规则是 $A \rightarrow a$，则转换函数为 $\delta(A, a) = f$。

② 语义验证：语义验证的就是检查操作行为是否满足断言。

其验证过程如下：

· 检查 DEVS 模型和有限自动机的初始状态。

· 找到 DEVS 模型所有可能的下一状态集，从满足有限状态集转换条件的集合选择一个状态。如果存在被满足的转换条件，那么转换到下一个状态；如果生成的下一状态没有满足转换条件，那么当前的全部状态是死锁状态。

· 重复 DEVS 模型和有限自动机全部状态的生成，直到全部状态轨迹闭合为止。

2）形式化证明方法

形式化证明方法就是采用数学证明方法对军事概念模型进行正确性证明。下面以语法验证为例来说明军事概念模型的形式化证明方法。

例如，作战任务 t 的一个形式化描述为 $\forall t \in T, t = \{F, L, T_s, D\}$。

其中：

F 表示任务的所有进入点/输入点的集合。每一个进入点代表任务某一种启动方式。$\forall t \in T$，定义 $\varphi_f(t)$ 表示任务 t 的所有进入点的集合，即 $\varphi_f(t) = F$。

L 表示任务的所有退出点/输出点的集合。每一个退出点代表任务某一种结束方式。$\forall t \in T$,定义 $\varphi_l(t)$ 表示任务 t 的所有退出点的集合,即 $\varphi_l(t) = L$。

$T_s \subseteq T$ 表示任务 t 所有的子任务集合,即 $T_s = \delta_s(t)$。

D 表示任务的所有决策节点的集合。$\forall t \in T$,定义 $\varphi_d(t)$ 表示任务 t 的所有决策节点的集合,即 $\varphi_d(t) = D$。

对于任务 t,它的语法验证如下:

(1) 任务起点唯一:即每一个任务只有一个起点,$\forall t \in T, \delta_s(t) \neq \Phi \Rightarrow |\varphi_f(t)| = 1$。

(2) 退出点非空:每一个任务至少有一个退出点,即:$\forall t \in T, \delta_s(t) \neq \Phi \Rightarrow \varphi_l(t) \neq \Phi$。

(3) 动作无分解:动作具有原子性,不需要分解描述,即:$\forall t \in T$, $\delta_s(t) = \Phi \Rightarrow \varphi_f(t) \neq \Phi$,且 $\varphi_l(t) = \Phi, \varphi_d(t) = \Phi$。

4.3.5 军事概念模型验证指标

军事概念模型的正确性和可信性主要体现于语法(Semantic)、语义(Syntax)和语用(Pragmatics)三个方面。为了确保军事概念模型的正确性和可信性,首先应该从语法、语义和语用三个方面分别进行验证。其次还要重点对军事概念模型在三个方面的一致性(Consistency)进行验证。

因此,通过分析,军事概念模型验证的指标主要可以概括如下:

(1) 语法验证,即检查军事概念模型描述的规范性、逻辑性、规则性及完备性等;

(2) 语义验证,即检查军事概念模型的正确性、合理性、清晰性及充分性等;

(3) 语用验证,即检查军事概念模型的适用性、可用性、完整性及可理解性等;

(4) 一致性验证,即检查军事概念模型的本体一致性、风格一致性、接口一致性、数据交换格式(DIF)的一致性,以及语义、语法及语用三者之间的一致性。

通过上述分析,军事概念模型验证指标可以用一个四维视图来表

示,如图 4 - 8 所示。

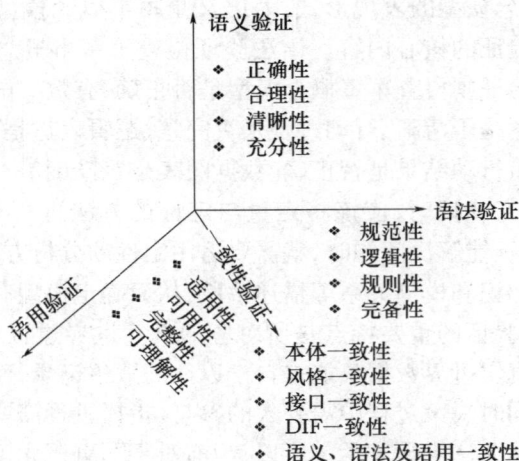

图 4 - 8 概念模型验证指标的四维视图

1. 语法验证

语法验证是指检查军事概念模型的描述与建模语言、建模方法之间的一致性程度。语法验证只注重模型的形式,而不关心模型的实质内容。根据军事概念模型的描述方法和语言不同,语法验证的内容和重点也就不一样。

(1) 对于采用本书方法建立的军事概念模型,即用自然语言描述的概念模型,验证的内容包括模型表示是否遵守了标准格式(如公式、符号是否统一,是否进行了说明)、发生交互的模型接口是否一致(如参数的类型和个数)、模型要素是否完备等。

(2) 对于采用格式化建模语言 ER、UML、IDEF 族等建立的模型,验证的内容包括所使用的图形符号集合是否规范、图形的组合与连接是否符合语法规则、模型的标注和注释是否正确等。

(3) 对于用形式化语言描述的军事概念模型,验证的内容为模型描述是否符合语法规范及规则、是否满足完备性要求等。

2. 语义验证

语义验证是指检查军事概念模型所表达的内容是否客观地反映了

真实世界中的实体、过程、交互等要素,是否是权威信息的正确描述。语法是军事概念模型的表现形式,而语义是军事概念模型所要表达的真实内涵,是验证的核心内容。语法验证检查了军事概念模型的形式有效性,语义验证则检查军事概念模型是否正确、有效。语义验证主要包括:概念表达是否清晰、行动过程是否完整、逻辑表达是否正确、规则约束是否合理、行动结果是否正确、数据图表是否准确等。

在进行语义验证时,应该将定量与定性的方法进行有机的结合。当定量的方法不能解决问题时,就需要运用定性的分析方法,即借助经验规则、专家知识和模糊关系等描述手段,从而确定模型有效性的过程和方法。语义验证的重要特点是所对应的真实世界过程、事件具有毁坏性,对应的真实世界数据只能来自于以往的战争记录,而且有时记录还很不完整,同时决策过程中需要人的参与、指挥过程需要模拟人的行为,这些因素是无法定量表示。所以,当前对于军事概念模型验证大多依赖于军事专家的知识和经验,只有少部分可以进行数学验证。

3. 语用验证

语用验证主要判定军事概念模型接近用户理解的概念模式的程度,是从使用的角度检查军事概念模型相对于一个特定的应用目标是否可用、好用和可信。

完整性检查能够反映军事概念模型是否覆盖用户需求的各个方面,是语用验证的重点。逻辑上,完整性是指"真的"断言,可以通过以下证明得出:

如果 $F(X) \vdash R(X,Y)$,且 $R(X,Y) \rightarrow R'(Y,X)$,但 $F(Y) \neg \vdash R'(Y, X)$,则 $F(Y)$ 的知识是不完整的。其中,F 表示定义的框架。

4. 一致性验证

军事概念模型的一致性可以分为四种类型,即模型内一致性、模型间一致性、跨模型一致性及运行间一致性。本书主要研究军事概念模型的模型内一致性和模型间一致性。

1)模型内一致性验证

作战仿真系统军事概念模型内的一致性验证可以排除以下三种情况的不一致:

(1)如果 $F \vdash \text{superconcept}(C1, C2) \land \text{superconcept}(C2, C1)$,

称为类属结构不一致。

(2)假设父概念的属性 A 的值为 $C1$,子概念的属性 A 的值为 $C2$,如果 $C1$ 与 $C2$ 的类属结构不一致,则称为继承结构不一致。

(3)如果 $C1 \neq C2$,并且 $F \vdash \mathrm{superconcept}(C1,C2) \wedge \mathrm{superconcept}(C2,C1)$,则称为部分结构不一致。

模型内的一致性通常也包含部分关系。部分关系(part - of relation)是 MCM 中一个非常重要的关系,P_{xy} 表示 x 是 y 的部分,严格部分(proper part - of relation)PP_{xy} 表示 x 是 y 的严格部分,因此,P_{xy} 可以由 PP_{xy} 定义为 $P_{xy} \overset{\mathrm{def}}{=} PP_{xy} \bigvee x = y$。

部分关系有如下的公理:

(1)x 是 y 的严格部分:$PP_{xy} \rightarrow \exists z(PP_{zy} \wedge \neg z = x)$;

(2)严格部分的传递性:$PP_{xy} \wedge PP_{yz} \rightarrow PP_{xz}$;

(3)x 和 y 重叠:$O_{xy} \rightarrow \exists z(P_{zx} \wedge P_{zy})$;

(4)x 和 y 严格重叠:$PO_{xy} \rightarrow O_{xy} \wedge \neg P_{xy} \wedge \neg P_{yx}$;

(5)x 和 y 不互为部分:$PNP_{xy} \rightarrow \neg P_{xy} \wedge \neg P_{yx}$;

(6)x 和 y 等同:$x = y \leftrightarrow (P_{zx} \leftrightarrow P_{zy})$。

2)模型间一致性验证

语法、语义及模型内一致性验证能够保证单个军事概念模型的形式和内容的正确性,下面主要研究将多个军事概念模型组合在一起时,模型间一致性验证问题。一般地,模型间一致性验证包括以下几个方面:

(1)本体一致性验证。它表明多个模型是否遵守同一本体方法论,即是否采用了同样的概念体系、术语及模型术语词典。本体一致性验证的算法如下所示。

(2)风格一致性验证。它表明多个模型是否使用了相同的建模语言、建模环境,模型集成是否存在技术上的障碍。

(3)接口一致性验证。把多个模型组合在一起会出现模型之间的交互问题,需要检查存在交互的模型之间的接口参数的类型和个数。此外,模型分解之后的父、子模型之间的接口也需要检查。

(4)数据交换格式 DIF 一致性验证。军事概念模型是可以重用,

而且必须重用的模型资源。在不同组织之间共享、重用模型，就牵扯到了数据交换格式的一致性。模型的 DIF 是否具有相同的数据结构、是否使用了相同的表达方式，如 XML、BNF。

算法 4.3：本体一致性验证（Ontology Consistency Validation）

输入：$O = \{O_1, O_2, \cdots, O_n\}$，$C = \{C_1, C_2, \cdots, C_n\}$，新定义 def

输出：一致性检查结果，一致为真（true），不一致为假（false）

$O \leftarrow \varnothing$；

$C \leftarrow \varnothing$；

$CS \leftarrow \{CS_1, CS_2, \cdots, CS_m\}$；// 加入知识集合

$C \leftarrow C \cup \{C_1, C_2, \cdots, C_n\}$；// 加入协调性规则

if defined（0，def）= true then

    return

end

if not def satisfies physical consistence according CS then // 判断 def 是否满足独立一致性

return

end

if not def satisfies coordinance rules according C then // 判断 def 是否满足语义一致性

    return

end

第 5 章　作战仿真系统数学模型及软件模型校核与验证

5.1　引　言

从作战仿真系统建设的阶段来看,数学模型及软件模型主要存在于仿真系统的设计(包括概要设计和详细设计)、开发、集成与测试等过程中。这两个阶段的模型具有以下几个共同特点:

(1)二者共同反映作战系统的仿真世界事件,是从技术层面强调作战仿真系统的具体设计与开发,是作战仿真系统的外部表现。作战仿真系统是否能够逼真地表现作战情况,主要由它们决定。

(2)这两类模型主要体现作战仿真的技术性,它们的设计与开发工作具体,参与者主要以技术人员为主,但仍需要军事人员、领域专家等进行辅助支持。

(3)二者的转换工作复杂、内容丰富,导致它们的校核与验证(V&V)工作比较多,是作战仿真系统 VV&A 的重点,而且在 V&V 方法与技术方面,主要采用以定量为主、定性与定量相结合的方法。

基于上述特点,本书将对作战仿真系统的数学模型 V&V 与软件模型 V&V 放在一起进行研究。

第 4 章已经介绍了作战仿真系统的需求校核和概念模型验证,这样可以确保仿真系统的需求和概念模型满足可信性要求。接下来,应该对数学模型和软件模型进行 V&V,以确保数学模型和软件模型具有足够的可信度,从而保证整个作战仿真系统的可信性。

对数学模型进行 V&V,主要包括数学模型校核与数学模型验证两个方面的内容。其中,数学模型校核时应该明确校核的机制、方法与指标,数学模型验证时应该明确模型验证的水平与方法。

对软件模型进行 V&V,主要包括软件模型校核与软件模型验证两个方面的内容。其中,软件模型校核分为仿真算法校核、流程图校核及程序代码校核的三个方面内容,软件模型的验证主要分为理论验证和软件测试两个方面。

5.2 作战仿真系统数学模型校核与验证

5.2.1 数学模型校核与验证的重要性

作战仿真系统的军事概念模型经过验证后,能够满足一定的可信度要求,下一步就是将它们转变成规范的、具有一定结构性和过程性的数学模型。作战仿真系统的数学模型就是采用数学符号和数学关系对作战系统与其外部的作用关系及系统内在的运动规律的一种数学抽象描述,目的是再现作战系统的某种性质或过程,是作战仿真系统设计与开发的基础和依据。通常用数学公式(如函数式、代数方程、微分方程、积分方程、差分方程等)、形式化描述(如逻辑表达式、谓词、规格等)或图形模型(如方框图、流程图、逻辑图、状态迁移图等)来描述所研究的作战仿真系统的某些方面存在的规律。因此,数学模型具有高度的抽象性、精确性和逻辑严密性等特点。

建立作战仿真系统数学模型的过程称为数学建模,又称为一次建模。数学建模的过程大体上可分为建模准备、模型假设、建立模型、模型求解及模型分析五个步骤。作战仿真系统数学建模的方法除了传统的机理分析法、系统辨识法及统计归纳法外,还有一些新的方法:①基于严格数学理论(代数学、统计学、博弈论等)的建模方法,如对坦克对坦克、飞机对飞机的简单格斗局势的成败评估模型建模;②基于统计实验的定量方法,如利用蒙特卡洛法建立的概率模型建模;③基于半经验半理论的方法,如建立兰切斯特(F. W. Lanchester)方程;④基于经验的建模方法,如杜派(T. N. Dupuy)的定量判断模型建模。

在作战仿真系统设计、开发过程中,数学模型为军事概念模型和软件模型架起了一座桥梁,是二者联系的纽带,数学模型是否可信必将影响到软件模型的可信性,从而影响整个作战仿真系统的可信性。影响

作战仿真系统的数学模型可信性的因素主要有:数学建模目标是否明确,是否遵循基本建模准则,先验军事知识和作战实验数据是否正确、权威,建模理论与方法是否正确,建模步骤是否合理等。因此,必须对建立数学模型的全过程进行校核与验证 V&V(主要包括数学模型校核与数学模型验证两个方面),才能确保数学模型的可信性。

5.2.2 作战仿真系统数学模型分类及其形式化描述

1. 作战仿真系统数学模型分类

作战仿真内容广泛,如对装备的仿真、对作战的仿真、对武器系统效能进行仿真评估等,因而需要建立的仿真系统数学模型种类也很多,涵盖方方面面。具体而言,主要用到的数学模型有三类:

第一类是采用代数方程、微分方程、积分方程、状态方程等可解析的数学方程,这些是作战仿真系统数学模型的最主要形式。

如利用代数方程描述工程兵作业量的计算:设作业兵力有 M 个连,在规定的时限 T(天)内,对作业项目的构筑长度用 L 表示,即

$$L = L_1 \cdot M \cdot T \cdot W \cdot U_1 \cdot U_2 \cdot D \cdot A(m) \qquad (5.1)$$

其中,L_1 为一个连一天构筑的长度,W 为火力干扰系数,U_1 为气象干扰修正系数,U_2 为昼夜作业修正系数,D 为地形条件修正系数,A 为装备完好率修正系数。

又如利用微分方程描述侦察兵搜索和发现敌人目标的计算:

$$\frac{\mathrm{d}p_0(t_n)}{\mathrm{d}t} = [1 - p_0(t_n)] \qquad (5.2)$$

其中,$p_0(t_n)$ 为发现目标的概率,t_n 为搜索时间。

下面对该类作战仿真系统的数学模型进行梳理和归类,如表 5 - 1 所列。

表 5 - 1 作战仿真系统数学方程分类一览表

数学模型	表现形式	应用举例
确定模型	非随机方程	作战行动模型
随机模型	随机方程	武器系统效能评估、兵力部署模型
微观模型	微分方程、差分方程	低层作战的计算模型

数学模型	表现形式	应用举例
宏观模型	联立方程、积分方程	高层作战的运筹学分析模型
线性模型	各种线性方程	工程兵作业问题模型
非线性模型	非线性方程	飞机、导弹的运动学模型
连续模型	微分方程等连续方程	各种运动学模型、雷达系统
离散模型	差分方程	导弹武器系统排队服务、通信系统模型
集中参数模型	常微分方程等	导弹拦截模型
分布参数模型	偏微分方程等	飞行器气动弹性模型
定常模型	常系数方程	各种速度计算模型
时变模型	变系数方程	电子信息作战模型
非存储模型	代数方程	各种运动学和动力学模型
存储系统模型	非代数方程	武器装备管理模型

第二类是描述作战仿真系统及其组成部分之间的组成关系的图结构模型，如 UML 模型、Petri 网模型、树形图、表格、状态图及博弈图等。这种形式的数学模型又称为逻辑模型或半形式化的数学模型。军事人员及从事作战模拟研究的学者常将这类数学模型称为逻辑模型，但数学模型要比逻辑模型的范围广，应该包含逻辑模型。这是作战仿真系统采用的比较多的一类数学模型。

第三类是采用集合、群、格等代数形式来描述作战仿真系统的结构、效能和评估等问题的数学模型，这类数学模型在作战仿真系统中应用比较少。

2. 作战仿真系统数学模型的形式化描述

从系统学的角度来看，作战系统可以用一个集合结构来形式化描述，即 $S = <T, X, \Omega, Q, Y, \delta, \lambda>$。

其中，T 是时间集，即描述时间和为事件排序的集合。当 T 为整数集 I 时，相应的作战系统为离散事件系统，如导弹武器排队服务系统模型；当 T 为实数集 R 时，相应的作战系统为连续时间系统，如导弹武器系统的运动轨迹等。

X 是输入集，代表界面的一部分，外部战场环境通过它作用于作战

系统。通常选取 X 为 R^n, $n \in I^+$，即 X 代表 n 个实值的输入变量。

Ω 是输入段集，一个输入段描述了在某个时间间隔内作战系统的输入模式。输入段集是一个映射 $\omega: <t_0, t_f> \to X$，其中 $<t_0, t_f>$ 是时间集中从 t_0（初始时刻）到 t_f（终止时刻）的一个区间。所有输入段所构成的集合记为 (X, T)，Ω 是 (X, T) 的一个子集。

Q 是内部状态集，表示作战系统的记忆，影响着现在和将来的响应，是内部结构建模的核心。

δ 是状态转换函数，它是一个映射 $\delta: Q \times \Omega \to Q$，若作战系统在时刻 t_0 处于状态 q，并且施加一个输入段 $\omega: <t_0, t_f> \to X$，则 $\delta(q, \omega)$ 表示系统在 t_f 时刻的状态。因此，任何时刻的内部状态和从该时刻起的输入段唯一地决定了终止时的状态。

Y 是输出集，代表界面的一部分，作战系统通过它作用于战场环境，除方向不同外，输出集的含义与输入集完全相同。

λ 是输出函数，它的最简单形式是映射 $\lambda: Q \to Y$，使假想的系统内部状态与系统对其环境的影响相关联。通常一个输出函数是一个这样的映射 $\lambda: Q \times X \times T \to Y$，即当系统处于状态 Q，且系统的当前输入是 X 时，$\lambda(Q, X, T)$ 能够通过环境检测出来。

综上所述，作战仿真系统的数学模型可以进行完全形式化描述，如图 5-1 所示。

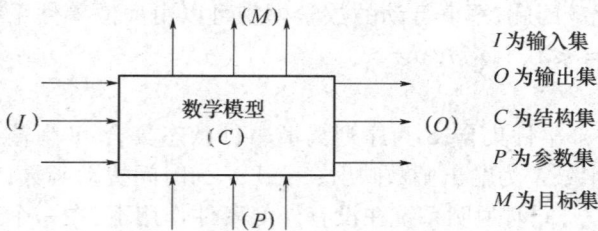

I 为输入集

O 为输出集

C 为结构集

P 为参数集

M 为目标集

图 5-1　作战仿真系统的数学模型完全形式化描述

根据上面作战仿真系统数学模型的分类，具体可以从以下三种形式进行描述：

1）时不变连续时间集中参数模型（常微分方程）

作战系统中各种运动学模型、各种弹的速度计算模型等是时不变

连续时间集中参数模型,可以形式化表示为:$M_1 = <U, X, Y, f, g>$。

其中:

$u \in U$ 为输入集合;$x \in X$ 为状态集合,$\dot{x} = f(x, u)$;$y \in Y$ 为输出集合,$y = g(x, u)$;f 为函数的变化率,满足 Lipschitz 条件;g 为输出函数。

事实上,M_1 是 S 的一个特例,其中:

$t \in T$:$[t_0, \infty] \subset R$;$X \equiv U$:R^m,$m \in I^+$;Ω:$\{\omega$:$[t_0, t_0 + \tau] \rightarrow U$ 处处连续的函数,$\tau > 0\}$;$Q \equiv X$:R^n,$n \in I^+$;$Y \equiv Y$:R^p,$p \in I^+$;δ:假定微分模型具有唯一解 $\phi(t)$,以致 $\phi(0) = q$,$\mathrm{d}\phi(t)/\mathrm{d}t = f(\phi(t), \omega(t))$,则映射 δ:$Q \times \Omega \rightarrow Q$ 能在解 $\phi(t)$ 情况下被确定;$\lambda = g$。

2)随机的连续时间集中参数模型

作战仿真中,许多情况下,存在不可测量的和随机的输入,如电子信息作战模型等。这类模型的形式为 $M_2 = <U, W, V, X, Y, f, g>$,其中 $\begin{cases} \dot{x} = f(x, u, w, t) \\ y = g(x, v, t) \end{cases}$,附加量 w 和 v 是随机模型干扰。

同样,M_2 也是 S 的一个特例。只是存在以下差别:

$X \equiv U \cup W \cup V$:$R^{m+m_1+m_2}$,$m, m_1, m_2 \in I^+$;$\lambda \equiv g$:$X \times Q \times T \rightarrow Y$。

3)离散事件系统模型

一个作战系统可以看成是由系列军事行动组成,一个军事行动的过程可以看作是由一组军事任务组成,而这些任务是在特定的时间点上发生变化。因此,军事行动的数学模型可以由离散事件系统的模型表示为 $M_3 = <X, S, Y, \delta, \lambda, \tau>$。

其中:

X 为外部事件集合;S 为序列离散事件状态集合;Y 为输出集合;δ 为准转移函数;λ 为输出函数映射:$Q \rightarrow Y$;τ 为时间拨动函数,它是一个映射 $S \rightarrow R_{0, \infty}^+$,同时说明系统在没有外部事件作用下,在一个新的转移发生之前它将在状态 S 下保持多长时间。

5.2.3 作战仿真系统数学模型校核

1. 数学模型的校核机制

定义 5.1 数学模型校核(Mathematical Model Verification):是指确定一个数学模型是否准确地表达了开发人员的概念描述和规范的过

程,即检验数学建模过程是否正确、规范,以及所建立的数学模型是否准确地反映了军事概念模型(MCM)的表达内容。

作战仿真系统的数学模型是从军事概念模型中抽象出来的,具有很强的抽象性和专业性。相对于独立的校核与验证(IV&V)人员而言,由于专业领域知识的局限性,校核数学模型会存在许多困难。因此,为了有效地校核数学模型,应该建立一个有效的校核机制。

通过大量的工程实践,一般认为数学模型的校核机制应该为:

(1)首先由数学建模人员对建模目的、先验知识、实验数据和建模过程进行汇报、陈述;

(2)接着由主题专家(包括军事专家、建模专家)和 VV&A 人员对建模人员进行质询、答辩;

(3)其次由 VV&A 人员在此基础上逐个对数学模型进行检验;

(4)最后将上述各步的结果进行汇总便得到数学模型的校核结果。

数学模型校核应该突出建模人员和主题专家的作用。例如,计算火炮的作战效能指数的公式为:

$$F = V^{a_1} \left(c_1 \frac{S}{L} + c_2 \frac{D}{W} \right) a_2 \tag{5.3}$$

其中,S 为射程,D 为弹的重量,V 为射速,L 为炮身长度,W 为炮的重量,a_1, a_2, c_1, c_2 分别为正的参数。

对于不同的火炮,它的效能指数取决于参数 a_1, a_2, c_1, c_2 的值,而这些参数的取值将由主题专家的经验来决定。

2. 数学模型的校核方法

理论上,一般文献介绍的校核与验证(V&V)方法都可用于数学模型校核,但是由于作战仿真系统数学模型具有极强的专业性,通过全面深入研究,发现这些 V&V 方法中的非形式化方法比较适合于数学模型校核,下面经过归纳、总结,提出一些比较实用的校核方法。

1)专家评判法

邀请数名领域专家,将待校核的数学模型提供给他们,由专家来评判模型的正确性。这种方法过程简单、比较实用,适用于对数学模型精度要求不太高的情况。由于这种方法带有明显的主观性和不确定性,

各个专家在评判过程中所依据的度量尺度和标准不同,对评判的结果会有较大的影响,故只能定性校核数学模型。

2)直接比对法

通过查阅文献资料,找到与所研究系统类似的数学模型,进行比对,以确定所建立的数学模型的正确性。这种方法主要适用于数学模型比较简单且模型中包含大量参数,而这些参数可以从不同的文献资料中找到的情形。VV&A人员只要将它们进行直接比对,便可以单独完成这一部分数学模型的校核工作。

3)人工校对法

有些数学模型,如动力学和运动学模型,数学表达式比较复杂,文献资料中一般省略了推导过程,而直接给出模型的最终形式。如果建模人员没有考虑模型结构、初始值及限制条件的差异,可能造成应用上的不当。因此,校核这些模型时,需要对这些公式进行详细推导,逐一进行人工校对。这种方法主要适用于模型推导过程比较复杂及限制条件比较多的情形。

4)经验测试法

有一些数学模型存在许多参数,内部结构复杂难辨,对于这种情况,可以利用以往的经验设计参数,通过定量测试来分析模型参数的合理性。经验测试法适用于模型内部结构复杂、参数较多的情况。这种方法理论性强,过程复杂,有点类似参数辨识,可以定量校核。进行经验测试时,往往需要领域专家的经验判断。

对作战系统的描述,有时很难直接获得一个精确的数学模型,往往采用经验模型表示。例如,杀伤型战斗部的单块引爆弹头的半经验公式:

$$P(u_k) = 1 - 3.03\mathrm{e}^{-5.6u_k}\sin(0.3365 + 1.84u_k) \tag{5.4}$$

其中:$P(u_k)$为破片引爆导弹弹头的概率,u_k为破片的引爆参数。这个经验公式是否正确,主要依赖于领域专家的经验判断。

又如,作战中营房保障的宿营帐篷需求量计算一般采用公式:

$$P_z = c \times \frac{N}{z \times t} \tag{5.5}$$

其中，N 为参战总人数，z 为平均每人所需住宿标准，t 为每顶帐篷可住人数，c 为调整系数。根据专家经验可知：一般 z 取 2.5，t 取 10，c 由具体配发情况决定，普通部队取 0.5，装甲、陆航、陆战部队取 1/3。

5）非形式化方法

对于采用数学方程和图形描述的数学模型，往往采用桌面检查、审查、表面验证等方法进行校核比较实用。

对于普通代数方程描述的数学模型，校核时一般要检查物理量纲是否正确；对于用微分方程形式描述的数学模型，它的合理性校核内容应该包括：输入量和输出量多项式是否分别位于方程的左右两端、变量是否按降阶顺序排列、最高阶项的系数是否等于 1；对于图形描述的数学模型，如基于 UML 描述的数学模型，应该检查它是否符合 UML 的描述规范、模型的数据接口及信息交互是否正确等。

因此，对作战仿真系统的数学模型进行校核时，可以根据需要，综合运用以上各种方法，以期达到最佳的校核效果。

3. 数学模型的校核指标

作战仿真系统的数学模型校核指标比较广泛，概括起来，主要包括：与概念模型的一致性、模型的清晰性、模型的切题性、模型的合理性、模型的精确性和模型的集合性等。数学模型校核指标组成可用 UML 的类图模型来进行概念描述，如图 5－2 所示。

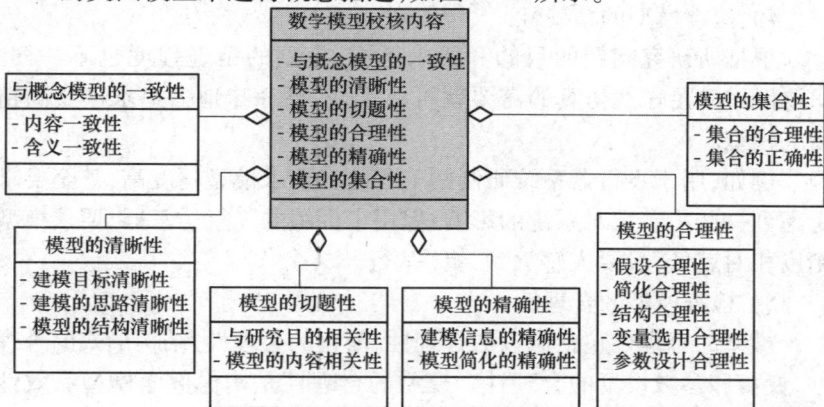

图 5－2　基于 UML 描述的数学模型校核指标

1）检查与军事概念模型（MCM）的一致性

数学模型与 MCM 的一致性主要包括：首先是内容的一致性，即数学模型的描述必须完整地反映 MCM 各方面的内容；其次是含义一致性（又称语义一致性），即数学模型与概念模型表达的含义要一致，都是对真实世界的同一个事物进行抽象和描述。

2）检查模型的清晰性

清晰性主要包括建模目标的清晰性、建模思路的清晰性和模型的结构清晰性。其中，模型的结构清晰性是校核的重点。作战仿真系统的模型由许多子模型组成，在子模型与子模型之间，除了为实现研究目的所必须的信息联系外，相互耦合要尽可能少，模型结构要尽可能清晰。

3）检查模型的切题性

模型只应该包括与研究目的有关的方面，即与研究目的相关的系统行为子集的特性描述。对于同一个系统，模型不是唯一的。研究目的不同，建立的数学模型也不一样。必须检查数学模型是否针对研究目的。

例如，在研究空中管制问题时，所关心的是飞机质心动力学与坐标动力学模型；如果研究的是飞机的稳定性与操纵性问题，则关心飞机绕质心动力学与驾驶仪动力学模型。

4）检查模型的精确性

根据所研究问题的目的和要求不同，模型的精确程度也不一样。只要能够满足作战仿真的需要就可以了，不要一味地去追求建立高精度的模型。

例如，用于飞行器系统研制的工程仿真要求模型精度高，甚至要求考虑到一些小参数对系统的影响；但用于训练的飞行仿真器，要求模型精度相对就低，只要人感觉到"真"就行。

5）检查模型的合理性

模型的合理性包括假设的合理性、简化的合理性、结构形式的合理性、变量和参数设置的合理性。模型的合理性是确保数学模型有效性的前提和基础。因此，作战仿真系统数学模型的合理性通常是校核的重点。

6）检查模型的集合性

集合性是指一些个别的实体能组成更大实体的程度。对于一个作战实体的分割，在可能时应尽量以一个从大的方面考虑对一个系统实体的分割。数学模型的集合性是否合理考虑，必须进行检验。例如，人在回路飞行仿真中，大都采用飞行器的六自由度非线性动力学方程，而在联合作战仿真中，飞行器的运动一般被简化为质点运动。

5.2.4 作战仿真系统数学模型验证

前面已经对数学模型校核进行了研究，回答了"是否正确地建立了数学模型"的问题，而"建立的数学模型是否正确"这个问题则需要对数学模型进行验证来解决。

定义 5.2 数学模型验证（Mathematical Model Validation）：是指从作战仿真数学模型应用目的出发，确定数学模型代表真实世界的正确程度的过程，其目的是检验和评估数学模型的正确性和有效性。

1. 数学模型的验证方法

数学模型的验证工作主要是检验数学模型的输出结果与同输入条件下的真实或标准数据是否一致以及一致性的程度，具有两方面的含义。

一是检查数学模型是否充分而准确地体现了概念模型所描述的实际系统；二是考察数学模型的输出结果是否充分接近实际系统的行为。

在作战仿真系统中，低层作战的数学模型验证采用定量方法，高层作战的数学模型验证采用定性方法，而中间层次的作战模型可以采用定性与定量相结合的验证方法；对于内部结构非常清楚的模型的验证采用静态验证方法，反之，应用动态验证方法；对于精度要求不高或定性计算模型，采用主观验证方法，反之，采用客观验证方法；对于采用形式化的数学语言描述的模型采用形式化验证方法，否则，采用非形式化验证方法。

通过全面分析与比较，下面提出几种比较实用的针对作战仿真系统数学模型验证的方法。

1）主观验证法

主观验证法就是聘请那些熟悉和了解实际系统、专业知识和具有

丰富经验的,而且在该领域比较有权威的主题专家,对所建立的数学模型进行检验,内容包括检查输入、输出关系及内部特性的合理性,并根据经验将模型输出与实际系统的输出进行比较,得出结论。主观验证法的流程如图5-3所示。

主观验证法过程简单、使用方便,是作战仿真系统中毁伤模型和态势显示模型验证等的常用方法,但由于这种方法带有明显的主观性和不确定性,而且专家评判时使用的尺度和标准对验证结果产生较大的影响。因此,这种方法只适用于数学模型的定性验证且对模型的精度要求不高的情形。

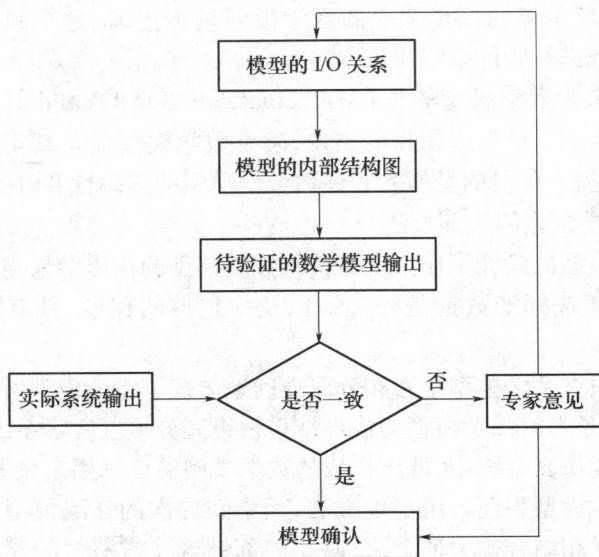

图5-3 主观验证法的流程

2) 统计检验法

统计检验法主要用于验证一些非线性、非定常、非确定性的复杂随机动力学系统模型,如导弹武器系统的数学模型等。统计检验法用到的统计技术主要有参数估计、相容性检验、假设检验、方差分析、时间序列分析等。

一般地,导弹武器系统的性能包括静态性能和动态性能。其中,静

态性能包括导弹试验的命中点偏差、杀伤概率等，是数学模型输出的静态结果，可以将它们看成是一个随机变量，对它的检验称为静态相容性检验；动态性能是指导弹在飞行过程中随时间变化的性能特征，如推力、质量、位置、姿态、速度、加速度等，是模型输出的动态结果，可视为一个多维随机过程，对它的检验称为动态相容性检验。导弹武器系统的数学模型的可信性由它们二者决定，应该从两个方面对它进行验证。

其中，静态相容性检验中，在小样本情况下，则可以采用秩和检验、逆序检验、游程检验等；在大样本情况下，可利用 Kolmogorov-Smirnov 检验、Pearson χ^2 检验。动态相容性检验中，检验的方法又可分为时域方法和频域方法两种，一些文献对这些验证方法进行了系统研究。

3）灵敏度分析法

灵敏度分析法就是事先为模型设定一组灵敏度系数，通过改变灵敏度系数，来考察数学模型输出的变化情况，从而判断该模型是否能满足特定的应用要求。灵敏度分析法主要用于武器系统的作战效能计算模型的验证中，这类模型的特点是参数多，而且难以确定。

灵敏度分析法的原理为：

设 S 是实际系统的某一给定的敏感系数集，S_M 是相应的模型参数集，Y 是实际系统输出集，Y_M 是相应的模型输出集。

若设 $0 < |S_M - S| < \varepsilon$，有 $|Y_M - Y| < \delta$，则模型是有效的，能够满足应用要求。

其中，ε 为给定的允许值，δ 是可接受的允许值。

若设 S_M，R_M 均是模型的敏感参数，与真实系统的敏感系数相对应，且 $0 < |R_M - S| < |S_M - S| < \varepsilon$，如果有 $|Y_M(R_M) - Y(S)| \leq |Y_M(S_M) - Y(S)| < \delta$，则模型是有效的，否则是无效的。

例如，在建立战略武器杀伤力 K 的模型时，由于影响杀伤力的因素很多，数学模型比较难建立，而且建立的模型也很难验证。对于这类数学模型，通常利用灵敏度分析法来建立和验证模型，得到一个非常有效的简化模型 $K = Y^{\frac{2}{3}}/C^2$。

当 $Y^* = 8Y$ 时，$K^* = 4K$；当 $C^* = \dfrac{1}{8}C$ 时，$K^* = 64K$。

通过分析发现:战略武器的杀伤力 K 不仅取决于武器的威力 Y,而且极大地取决于武器系统的精度 C。

4）战例数据分析法

这种方法主要用于在现有条件下无法获得设想系统实际数据的模型验证情况。

例如,在验证联合作战的作战效能评估模型时,往往很难找到实际的数据,只有通过应用历史战例中的数据,一部分用来建立模型,另一部分用来检验模型输出与实际结果的符合程度。

5）图形类比法

这种方法主要是将模型运行的图形或图像与实际存在的图形与图像进行比较,判断模型的有效性。

在作战仿真中,各种军标、地图、运动体的运动轨迹及战场的态势显示等模型大都用这种验证方法比较有效。

2. 学模型的验证层次

数学模型是对真实的作战系统进行抽象和描述,抽象和描述是否正确、有效的问题应该由数学模型验证来回答。因此,数学模型的验证主要包括正确性验证和有效性验证。正确性验证与专业领域知识息息相关,本书主要研究作战仿真系统数学模型的有效性验证。数学模型的有效性主要体现在行为水平、状态结构水平和复合结构水平三个层次的有效性。

1）为水平的有效性验证

行为水平的有效性验证就是验证数学模型是否能重现真实军事系统的行为。如图 5-4(a)所示,若将数学模型看成是一个"黑箱"(如高层作战模型,我们无法对它的内部结构有比较清晰的认识),被施加输入信号 $\omega(t)$,同时测量其输出响应 $\rho(t)$,如果可以获得一个输入—输出对 (ω,ρ) 及关系 $R_s,R_s = \{(\omega,\rho):\Omega,\omega,\rho\}$,则称该数学模型为作战系统的行为水平描述。给定数学模型的输入以后,将模型输出观测结果与参考值进行比较,判断数学模型是否在行为水平上有效,即验证数学模型是否能够在行为水平上有效反映作战系统。对于高层作战系统的数学模型和定性评估模型,采用这一级验证就基本上可以满足模型的可信性要求。

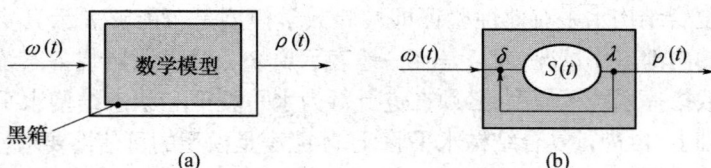

图 5－4　数学模型的水平描述

（a）数学模型的行为水平描述；（b）数学模型的状态结构水平描述。

2）状态结构水平的有效性验证

如图 5－4（b）所示，若数学模型不是一个"黑箱"（如低层作战系统或武器装备系统），它不仅能反映输入—输出关系，而且能够反映系统的内部状态，以及状态与输入、输出之间的关系，则称数学模型为系统的状态结构水平描述。

状态结构水平的有效性验证即验证数学模型是否能够在状态上与真实的军事系统互相对应，是否可以对未来行为进行唯一的预测。对于低层作战系统的数学模型、定量评估模型和武器装备模型的验证，如果只进行行为水平验证是不能满足模型可信性要求的，还必须进行状态结构水平级的验证。

3）复合结构水平的有效性验证

对于复杂作战系统（如联合作战系统）的数学模型，一般很难一次性将它描述出来，必须将它进行分解，从高到低依次分解为分系统、子系统，直至部件。先将每一个分系统、子系统或部件进行状态结构水平描述，然后将它们集合起来，便形成了数学模型的复合结构水平描述，如图 5－5 所示。

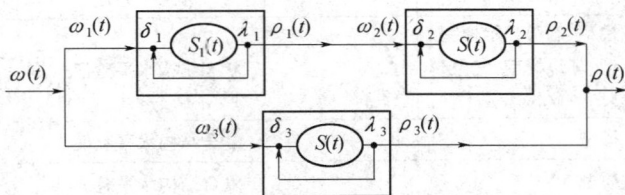

图 5－5　数学模型的复合结构水平描述

复合结构水平有效性验证即检验数学模型是否能够表示真实军事系统的内部工作情况,而且是唯一地表示出来。对于武器装备系统及低层作战指挥系统等模型,必须在进行行为水平验证和状态结构水平验证的基础上,再进行复合结构水平验证,才能满足模型的可信性要求。

综上所述,作战仿真系统数学模型的三个验证水平是一个递进的层次关系,行为水平验证的层次最低,状态结构水平验证次之,复合结构水平验证的层次最高。一般地,对于同一个数学模型而言,随着验证的层次升高,模型的可信性水平也增加,但验证工作需要付出的代价也越大,而且代价会呈指数增长。

图5-6为模型验证的水平与验证代价及模型可信性之间的定性描述。表5-2列举了作战仿真系统数学模型验证的有效性水平。

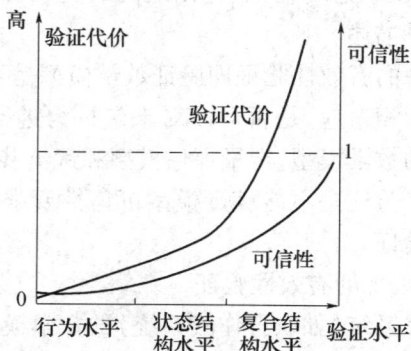

图5-6 数学模型验证的水平、验证代价与可信性之间的关系

表5-2 作战仿真系统数学模型验证有效性水平举例

数 学 模 型	验 证 水 平
战略层作战模型	行为水平验证
战役层作战模型、态势显示模型、效能评估模型、环境模型、气象模型、毁伤模型	状态结构水平验证
战术层作战模型	复合结构水平验证
战斗层作战模型	复合结构水平验证
装备模型、指挥模型、通信干扰模型	复合结构水平验证

5.3　作战仿真系统软件模型校核与验证

数学模型经过全面校核与验证之后,可以转换为软件模型,从而在计算机上进行试验或实验。将数学模型转换成软件模型的过程称为二次建模,主要包括以下几个过程:确定仿真算法、绘制程序框图、编写程序代码及代码集成与测试。因此,为了获得可信的软件模型,应该在二次建模的过程中进行校核,并对最终得到的仿真程序进行验证。

本节主要对作战仿真系统软件模型进行校核与验证(V&V)。首先分析作战仿真系统软件模型的层次结构;接着介绍软件模型的 V&V 方法与技术,重点研究面向对象的 V&V 方法与技术;最后从仿真软件单元、软件部件及仿真系统三个层次对软件模型进行 V&V。

5.3.1　作战仿真系统软件模型的层次结构

定义 5.3 软件模型(Software Model):又称计算机模型,是指由可在计算机上运行的、充分定义的程序构成的模型,包括程序、规程、规则及与之有关的文档。

软件模型 SM 可以形式化定义为一个可计算函数:$SM:S \times I \to S \times O$。

其中,S 为状态的一个非空集合,I 为输入集合,O 为输出集合。S、I 以及 O 为整数向量的有限集合,即集合中的元素 $\bar{s} \in S, \bar{i} \in I$ 以及 $\bar{o} \in O$ 为整数向量。

就本书的研究而言,作战仿真系统的软件模型主要包括仿真算法、流程图、程序代码、规则及与之有关的文档。

作战仿真系统的软件模型的规模庞大、结构复杂,如联合作战仿真系统的软件模型由陆、海、空、二炮、信息等模型组成,程序代码在几十万行以上。为了对软件模型进行全面 V&V,应该先将它进行层次结构划分。如图 5 - 7 所示,作战仿真系统软件模型的层次结构可以分为四层。

第 0 层表示系统级的软件模型,即作战仿真系统(Simulation System, SS),是指所有的软件模型按照设计要求组装后形成的系统。它由若干个分系统或子系统组成,如联合作战仿真系统由各军兵种的软

SM 第0层

A   B   ···   C   第1层

A_1 A_2 B_1 ··· B_i C_1 ··· C_j 第2层

A_{11} ··· A_{1k} B_{11} ··· B_{1m} C_{11} ··· C_{1n} 第3层

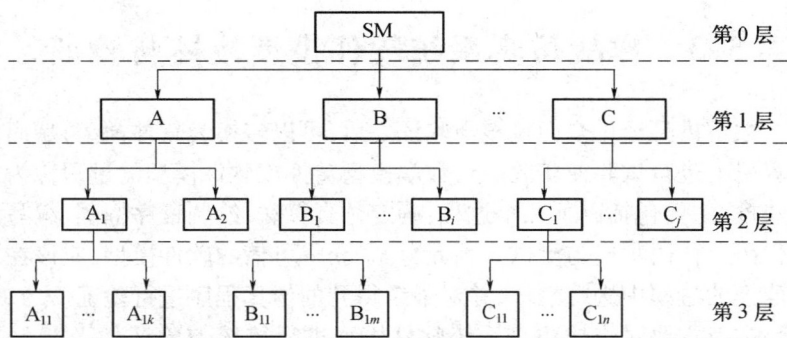

图 5 - 7 　作战仿真系统软件模型的层次结构示意图

件分系统及仿真平台分系统等组成。

第 1 层表示分系统或子系统级的软件模型,本书称为仿真分系统或子系统(Simulation Sub - System, SSS),它是仿真系统的功能子集,即 SSS⊂SS。对于联合作战仿真,各军兵种的软件系统可以看成是相应的仿真分系统,如作战集团 I 分系统、作战集团 II 分系统等。

第 2 层表示部件级的软件模型,本书称为仿真软件部件(Simulation Software Component, SSC),是指能够从逻辑上区分的、可以进行独立编译的软件部分,向上可以组合成 SSS 或 SS。对于联合作战仿真,各军兵种的实体软件模型可以看成是相应的 SSC;对于 HLA 仿真系统,联邦成员或 RTI 软件都可以看成为 SSC。

第 3 层表示仿真软件单元(Simulation Software Unit, SSU),又称为仿真组件(Simulation Component),是一段可以分开编译的源代码,如模型对象编程中的对象、函数、类、进程、子过程等,是软件部件的基本组成单位。SSU 作为一个不再分解的整体,是构造更高层次的软件部件或系统所需的基本单元,是建造仿真系统这座"大厦"的"砖块"。

5.3.2　作战仿真系统软件模型校核与验证的方法与技术

国内外许多文献总结了 76 种 V&V 方法与技术及 18 种统计技术大都来自于软件测试方法。因此,本书主要借鉴软件测试方法,同时兼顾 V&V 方法,对软件模型 V&V 方法与技术进行分类,如图 5 - 8 所示。

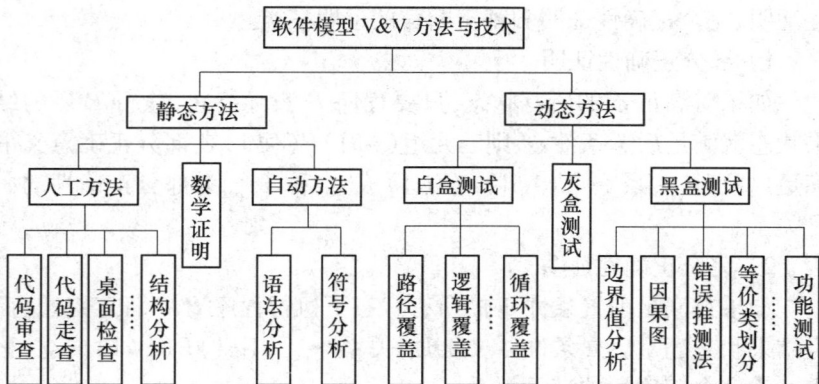

图 5-8　软件模型 V&V 方法与技术分类

1. 静态方法

静态方法是指不需要执行软件,通过对软件模型中的流程图(程序框图)、仿真算法和程序代码等的阅读、检查与分析,找出其中的错误或可疑之处。静态方法主要用于评估软件模型的设计和源代码,其目的是检查软件模型在描述、表示和规格上的错误,表现为以下三个方面:

(1) 检查软件模型内部的完整性和一致性;

(2) 检查程序代码编写是否符合编程语言规则;

(3) 将软件模型与其相应的规格或文档进行比较。

静态方法又可以细分为人工方法、数学证明和自动方法。其中,人工方法是使用最多的静态方法,主要有代码审查、代码走查、桌面检查、结构分析等。实践表明,大约 30% ~ 70% 的逻辑设计错误和编码错误可以通过人工方法发现出来。数学证明是基于正确性证明的形式化方法,是对软件模型进行 V&V 最有效的方法。但是,由于当前的正规证明技术的局限性及高费用,应用这种方法还存在一些困难。自动方法主要是应用软件辅助测试工具对软件模型进行语法和符号分析,在大型仿真系统软件测试中,为了降低人工测试的强度,应用比较广泛。

由于人工测试方法的研究比较多,而自动方法与具体的辅助测试工具相关,下面只介绍数学证明方法。一般地,数学证明包括部分正确

111

性证明、完全正确性证明和基于断言的证明三类。

1）部分正确性证明

如果对满足 ϕ 的所有状态,只要程序 P 实际终止,执行 P 后的结果状态就满足后置条件 ψ,则三元组 $(|\phi|)P(|\psi|)$ 在部分正确意义下满足。此时,关系 $\vdash_{par}(|\phi|)P(|\psi|)$ 成立,称 $\vdash_{par}$ 为部分正确性的满足关系。

2）完全正确性证明

如果在满足前置条件 ϕ 的所有状态下执行程序 P,P 肯定终止,而且结果状态满足后置条件 ψ。此时,关系 $\vdash_{tot}(|\phi|)P(|\psi|)$ 成立,称 $\vdash_{tot}$ 为完全正确性的满足关系。

3）基于断言的证明

基于断言的证明过程如下:

（1）假定在点 $P(1),\cdots,P(n)$ 可以提出关于程序变量及它们之间关系的断言 $a(1),\cdots,a(n)$;

（2）断言 $a(1)$ 是关于程序输入变量的,断言 $a(n)$ 是关于程序输出变量的;

（3）令 $1 \leqslant k \leqslant n-1$,需要证明数学描述 $P(k)$ 和 $P(k+1)$ 使断言转变为 $a(k)$ 和 $a(k+1)$。

假定断言 $a(1)$ 和 $a(n)$ 为真,则这个证明过程可以表明此段程序是正确的。

2. 动态方法

动态方法主要针对程序代码而言,是指在计算机上运行待测程序,进行错误检查以及分析程序的执行状态和程序的外部表现。动态方法主要分为白盒测试、黑盒测试和灰盒测试三种。其中,白盒测试可以检查软件程序所有的结构及路径是否正确,以及软件内部动作是否按照设计说明的规定正常进行,通常有逻辑覆盖、路径覆盖及循环覆盖等;黑盒测试可以测试程序的功能和可观测的行为,检查程序是否按照需求规格说明书的规定正常实现,测试方法通常包括等价类划分、错误推测、边界值分析、因果图、功能测试等。实际测试过程中,白盒测试与黑盒测试交叉使用,称这种交叉测试方法为灰盒测试方法。

当前,作战仿真系统主要采用面向对象的方法进行设计与开发。

112

面向对象程序本身所具有的封装性、继承性、多态性、动态绑定等特性，以及建模的递增性和反复性，使得面向对象软件的 V&V 方法与技术与传统的 V&V 方法与技术有很大不同，主要的区别在于 V&V 的焦点从模块转向了类。因此，作战仿真系统软件模型的 V&V 方法与技术除了采用传统的方法与技术外，还应该采用面向对象的测试方法与技术，如基于状态的测试、基于数据流的测试、基于 UML 的测试、基于方法序列的测试、变异测试以及基于使用的测试等。下面主要研究基于状态的测试、基于数据流的测试及基于 UML 的测试等三种黑盒测试方法，这些方法将在后面的实例中得到应用。

1）基于状态的测试

对象的状态是事件（输入）、状态和动作（输出）组成的抽象系统。状态的输出由当前的输入和过去的输入决定，是有限自动机的工程应用。在实际应用中，虽然消息序列和实例变量值的组合是无限的，但是状态可以对行为提供一个简洁的有预测性的模型。基于状态的测试是指开发可测试的状态模型（包括基本状态机、面向对象构件的状态模型），并通过检查对象的状态在执行某个方法后是否会转移到预期状态的一种测试技术。由于对象的状态是通过对象的数据成员的值反映出来，检查对象的状态实际上就是跟踪监视对象数据成员值的变化。使用这种技术能够检验类中的方法能否正确地交互，即类中的方法是否能通过对象的状态正确地通信。

基于状态的测试基本过程可归纳为以下五步。

（1）区分状态属性。类的每个对象都有自己的生存周期和状态。类的属性可以分为两种：数据存储属性和信息控制属性。数据存储属性只是存储在系统中用到的数据，并不决定程序的控制结构；而信息控制属性则决定了程序的执行路径。可见信息控制属性对于对象状态的改变休戚相关，多数方法的执行都依赖它，因而信息控制属性也称为状态属性。故对象的状态由状态属性确定，与数据存储属性无关。

（2）划分对象状态。对象状态根据状态属性来确定，状态属性的值直接影响到状态属性的划分。首先，根据符号执行的结果，找出所有出现在分支条件中的属性，即状态属性；其次，利用分支条件为每个状态属性确定值域区间。

（3）构造状态转换集。把状态图看成为一个五元组 $<S,\sigma,\delta,q_i,q_f>$，$S$ 为有限状态的集合，σ 为有限的输入集合，δ 为转换函数（$\delta:S\times\sigma\rightarrow S$），$q_i$ 为初始状态的集合，q_f 为终止状态的集合。构造状态转换集的算法如下所示。

算法5.1：构造状态转换集

```
δ←Φ;
while not all transformation finished
    for each S_a ∈ S∪{q_i,q_f}
    for each S_b ∈ S∪{q_i,q_f}
      for each σ_i ∈ σ
      P_i ← run path of σ_i;
      for each P_ij ∈ P_i
      if T_ij = branch path of P_ij,
      if S_a satisfies T_ij and terminal expression of S_a reaches S_b
      δ←δ∪{⟨S_a,σ_i,S_b⟩}
      end
    next
  end
```

（4）构造状态图。构造状态图是根据状态转换集来完成的。状态图中，一般用方块表示对象的状态，状态的转换关系由线进行连结，并标出状态转换方向，同时标出输入条件。

（5）生成测试用例。测试用例用来验证被测试的类是否到达正确的状态并做出了正确的响应，是由初态到达各个状态和状态间迁移的消息序列集。一个消息序列可以表示为 $S_1,\sigma_1,S_2,\sigma_2,\cdots,S_f$。测试时将这些消息序列发送给被测对象的初态，然后检查相应的响应序列是否正确，以及程序是否到达了状态图所规定的状态。类中成员变量以及部分方法的变量取值由各个迁移上的监视决定。对于复杂的测试对象，所有的状态测试路径集可以通过回溯算法从状态图中获得，测试用例集必须满足状态图中的状态覆盖和迁移覆盖。

2）基于数据流的测试

基于数据流的测试基本思想是：一个变量的定义，通过辗转地使用和定义，可以影响到另一个变量的值，或者影响到路径的选择等。因此

114

可以选择一定的测试数据,使程序按照一定变量的定义—使用路径执行,并检查执行结果是否与预期的相符,从而发现代码的错误。这种测试方法侧重于检查内在逻辑,能够找出遗漏数据等方面的错误,可以弥补基于状态机测试方法的不足。下面介绍基于数据流的测试的测试过程。

(1)构造定义—引用序列。必须首先得到类中正确的方法序列,测试用例则围绕这些方法序列中的类成员变量的定义—使用对产生,其核心是对定义—引用对进行分析。一个定义—使用对是一个有序对(d,u),其中状态 d 包含一个预先定义的变量 v,而变量 v 在程序中被状态 u 所使用。数据流分析检查变量值如何定义以及如何使用。变量的使用被划分成 2 种类型:计算使用(c – use)和谓词使用(p – use),当一个变量值出现在计算或输出状态时,为变量的 c – use;当变量值出现在条件状态下时,为变量的 p – use。具体的数据流测试过程要用数据流图关系来指导,测试用例是从类的状态转换图中转换描述结果中产生。由于数据流异常时会破坏作为数据流测试用例基础的定义—使用对,因此数据流测试首先应该检测和去除信息结果中的数据流异常,然后从规则信息结果中产生类测试用例。

(2)数据流异常检测。数据流异常并不意味着程序执行后一定会产生错误的结果,它仅仅表示产生错误结果要依靠输入数据或根本不会产生错误结果,但它是不可信的。一些常见数据流异常行为如表5 – 3所列。如果一个被测试类按照其状态转换图来实现,则图中的转换路径将显示它的成员函数的可行性结果。因此,数据流测试用例能基于传统的定义—使用对,从它的成员函数的结果中选择。然而,一旦数据成员的函数结果中存在任何数据异常,该测试用例将不能被选择。

表 5 – 3   常见的数据流异常行为

变量行为	异　　常
dd	一个 define 行为后紧跟一个 define 行为
ku	一个 kill 行为后紧跟一个 use 行为
dk	一个 define 行为后紧跟一个 kill 行为
d –	一个变量被定义但没有使用
– u	一个变量未定义就被使用

（3）产生数据流测试用例。数据流异常检测完成后，或者当类中不存在数据流异常时，可以产生数据流测试用例，实际上是在分析的基础上找出变量的定义—使用对路径。生成的测试用例集应能覆盖该类所有类成员变量的定义—使用对。

3）基于 UML 的测试

基于 UML 的测试是基于规格说明的软件测试的一个分支，其最大的优点是比其他任何形式化方法更具有广泛的适用性，可以对作战仿真系统进行单元、集成和系统测试。它的最显著特点是可以使用 UML 模型将被测对象可视化表示，实现测试自动化。基于 UML 的作战仿真系统测试的阶段及范围如表 5-4 所列。

表 5-4　基于 UML 的测试阶段及范围

测试阶段	测试范围	使用的 UML 模型
单元测试	代码、类、组件	状态图
集成测试	软件部件、联邦成员、子系统	类图、用例图、顺序图、协作图、活动图、状态图
系统测试	仿真联邦、多联邦系统	类图、用例图、顺序图、协作图、活动图、状态图、部署图

基于 UML 的测试过程如图 5-9 所示，可以分为六个步骤：①创建 UML 规格说明；②验证 UML 规格说明；③确定测试的规则和策略；④生成测试用例；⑤执行测试用例和跟踪；⑥测试结果分析。

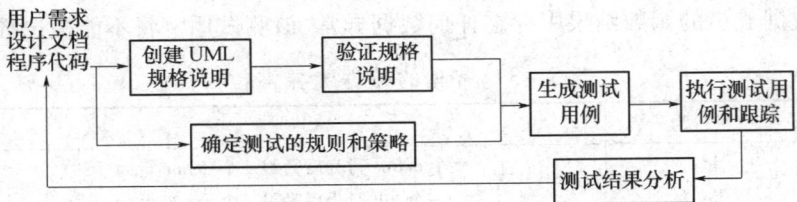

图 5-9　基于 UML 的测试过程

5.3.3 软件模型校核与验证

定义5.4 软件模型校核(Software Model Verification,SMVE):软件模型校核 SMVE 可以形式化定义为:SMVE:=(SAV,FCV,PCV),其中:

SAV(Simulation Algorithm Verification)表示仿真算法校核,是指检查仿真算法是否具有正确性和精确性,是软件模型校核工作的难点;

FCV(Flow Chart Verification)表示流程图校核,是指检查程序流程图是否正确反映了仿真算法和编程过程;

PCV(Procedure Code Verification)表示程序代码校核,是指检查程序代码是否正确、是否符合编程语言风格以及接口是否符合规范等。软件模型是否能够在计算机中实现,主要取决于程序代码的正确性。因此,程序代码校核是校核工作的重点。

定义5.5 软件模型验证(Software Model Validation):是指从预期应用的角度出发,测试仿真软件(本书指程序代码)的实现是否准确地表示真实作战的程度的过程。

由前面的定义可知,软件模型 V&V 包括两个方面的工作:一方面要检验软件模型的阶段性产品的正确性;另一方面还要检查获取每一个阶段性产品过程的正确性和规范性。通常,软件模型的 V&V 通过软件测试技术来实现。流程图、仿真算法、程序代码的语法检查以及它们之间的转换过程的检查可以通过静态测试来实现;而程序代码的语义和语用检查可以通过动态测试来实现。由图 5-7 可知,作战仿真系统的软件模型按照开发的阶段可以分为四级,即仿真软件单元 SSU、仿真软件部件 SSC、仿真分系统或子系统 SSS 及仿真系统 SS。其中 SSS 只具有逻辑上的意义,而且 SSS 向上组装成 SS 的组装原理与方法与 SSC 组装成 SSS 基本相同,因此本书就不介绍 SSS 的 V&V。下面主要对 SSU、SSC 及 SS 进行 V&V 研究。

1. 软件模型校核

1) 仿真软件单元(SSU)校核

仿真软件单元校核内容主要包括仿真算法校核、流程图校核、程序代码校核以及它们之间的转换一致性校核(图 5-10)、重点校核仿真

算法与程序代码。

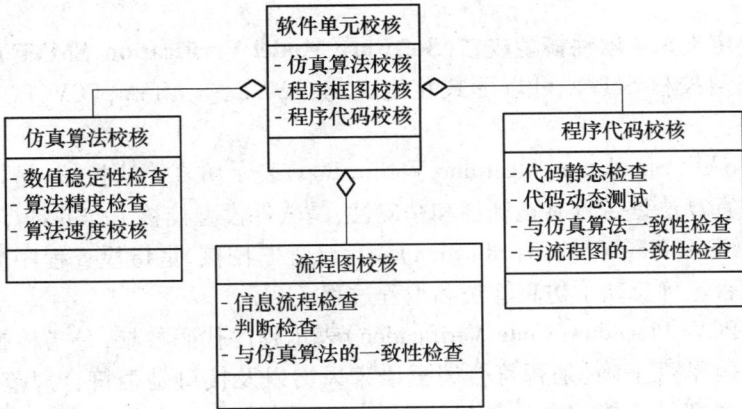

图 5-10 仿真软件单元校核内容

（1）仿真算法校核。定义 5.6 仿真算法（Simulation Algorithm，SA）：为在有限步骤内解决仿真问题而规定出的一套明确的、无含混的规则或过程。

仿真算法 SA 可以用一个四元组进行形式化描述，即：$SA = <Q, I, \Omega, f>$。

其中：Q 为计算状态集合；I 为输入集合，$I \subseteq Q$；Ω 为输出集合，$\Omega \subseteq Q$；F 为计算规则，它是一个映射 $f: Q \rightarrow Q$。对于 $q \in Q$，有 $f(q) = q$。

对集合 I 中的每一个 X，通过 f 可定义一个计算序列 $Y_0, Y_1, \cdots$，即：$Y_0 = X, Y_{k+1} = f(Y_k)$ $k \geq 0$；若此计算序列在第 k 步终止，且 k 是使 Y_k 在 Ω 中的最小整数，则称输出 Y_k 是由 X 产生的，即 $X = \overset{f}{Y_0} \rightarrow \overset{f}{Y_1} \rightarrow \overset{f}{Y_2} \rightarrow \cdots \rightarrow \overset{f}{Y_k} \rightarrow \overset{f}{Y_{k+1}}$。

如果 Y_k 在 Ω 中，则 Y_{k+1} 在 Ω 中，此时 $Y_k = Y_{k+1}$。一个仿真算法 SA 是对于 I 中所有的 X，都在有穷多步内终止的一个计算方法。

一个仿真算法是一个有限规则的有序集合，这些规则确定了解决某一类问题的一个运算序列。对于某一类问题的任何初始输入，它能机械地一步一步地计算，通过有限步之后计算终止，并产生一个输出。

仿真算法校核的内容主要包括：

① 算法的数值稳定性校核,即检验微分方程初值问题的数值稳定性。仿真算法的数值稳定性是仿真的先决条件,否则仿真会失败。为了确保模型的稳定性品质,应该根据数值的稳定性要求来确定仿真算法的选择。

② 算法精度校核,即对影响算法精度的截断误差、舍入误差和累积误差三个因素进行全面分析。确定算法的一般原则是在满足精度要求的前提下尽可能采用最简单的算法。截断误差取决于积分方法的阶次与步长 h,舍入误差主要取决于计算机的字长,而累积误差与积分算法及数值积分计算时间的长短有关。

③ 算法速度校核,即检查每一步积分所花费的时间及积分的总次数。算法速度主要取决于积分变量求导的复杂程度以及每一步积分应计算导数的次数。为了提高仿真速度,在积分方法已知、精度满足要求的情况下,尽量选用较大步长,以节省积分时间。因此,校核算法速度时,要综合考虑积分方法和步长。

(2)流程图校核。流程图,又称程序框图,以节点表示程序段或软件单元(语句、过程、函数等),有向边表示程序段的控制路径或软件单元的控制和调用。程序框图校核主要是从流程的角度考察程序,借助程序框图来进行数据流和控制流的分析。利用测试用例执行流程图,可以分析程序的行为、断点定位、路径辨识,以及检查变量的说明与使用、全程变量、参数使用情况等。程序框图校核对检测不合法的编码和控制转移、不恰当的嵌套、多入口和多出口结构,以及参数和变量的检查等问题非常有效。

(3)程序代码校核。程序代码校核就是指使用桌面检查、代码审查及代码走查等方法对源程序进行语法及逻辑错误检查,检查的主要项目包括:

① 正确性——代码的逻辑、表达式、常量和全局变量的使用必须正确;

② 清晰性——代码必须简明、易懂,注释准确没有歧义;

③ 规范性——代码必须符合共同规范,包括命名规则、代码风格等;

④ 一致性——代码必须在命名上、风格上保持一致;

⑤ 高效性——代码不但要满足以上性质,而且要尽可能降低代码

的执行时间。

2）仿真软件部件(SSC)及仿真系统(SS)校核

仿真软件部件 SSC 是由 SSU 组装而成,仿真系统 SS 是由 SSC 组装而成,而对于基于组件构建的仿真系统,SSU 还可以直接组装成 SS,因此 SSC 及 SS 校核原理相同。下面主要研究 SSC 的校核工作,主要表现在两个方面。

（1）校核待组装的仿真软件单元 SSU 的接口信息。首先检查 SSU 的语法层接口,即检查 SSU 的输入和输出接口是否能够满足仿真系统的框架要求,否则 SSU 之间不能进行信息交互;其次检查 SSU 的语义层接口,即检查 SSU 与外界进行信息交换的接口,确保 SSU 之间对交互的信息有一致性的理解。

（2）校核仿真软件部件 SSC 的组合信息。SSC 的组合信息就是指待组装的 SSU 的配置信息,这些信息描述 SSU 之间的关系,必须检查它是否满足 SSC 的设计要求,即是否实现预定的 SSC 功能。

根据 SSU 的不同的组合方式,构成 SSC 的 SSU 在逻辑上主要存在聚合关系和隶属关系,如图 5 - 11 所示。在聚合关系的组合中,SSC 通常只是一个逻辑上的概念,不是一个实际存在的实体;在隶属关系的组合中,SSC 与 SSU 通过隶属关系绑定在一起,SSC 本身也是一个物理上存在的仿真部件。聚合关系的组合主要目的是通过低分辨率模型代替高分辨率模型,减少模型的计算量和数据量;隶属关系的组合主要目的是通过隶属关系描述 SSU 之间的逻辑存在关系。

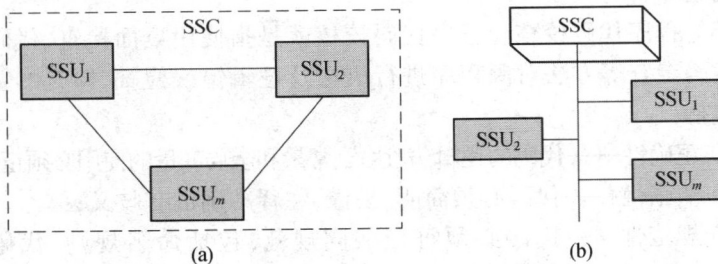

图 5 - 11　SSC 组合结构描述
（a）聚合关系;（b）隶属关系。

2. 软件模型理论验证

本小节主要从软件模型的功能、有效性及组合性三方面进行理论验证研究。

1）功能验证

功能验证的目的是检验某个软件模型 SM 的程序能否在理论上正确地实现详细设计的功能。

假设 f 是软件模型的程序 P 要计算的功能，并且 f^* 是 P 预期的功能，即描述在程序规格说明书中的功能。

假定存在一个功能集合 F_f，它具有如下属性：

（1）f 在 F_f 中；

（2）f^* Z 在 F_f 中；

（3）对于 f 或 f'（f' 在 F_f 中），存在一种选取测试的方法，在该方法选取的测试中，如果 f 和 f' 都能满足这些测试，那么，就认为它们是等价的。

2）有效性验证

软件模型是真实作战系统的模型表示，是否能够有效代表真实系统，必须进行验证。

LTS（Labeled Transition System，符号传递系统）是一个三元组，即 $L = (S, \sum, \rightarrow)$。

其中：S 为状态集合，$\sum$ 为符号集合（或活动集合），$\rightarrow \subseteq S \times \sum \times S$ 为传递关系。

由于 SM 描述的是作战系统运行过程中各状态之间的传递情况，因而可以用 LTS 来描述 SM，但需作如下变换：

（1）LTS 中的状态表示 SM 的状态；

（2）LTS 中的符号表示 SM 的输入；

（3）LTS 中的传递关系表示 SM 中的模型计算（状态模型）。

则有 $L(SM) = (S, I, M_s)$，其中：I 为输入集合，M_s 为 SM 的状态模型。

给定一个初始状态 s_0，那么 $L(SM, s_0) = (S, s_0, I, M_s)$，并且 $L(SM) = L(M_s)$。

软件模型是某个作战系统的一种逼近表示，但如果用软件模型来

表示真实作战系统,前提条件是软件模型应具备一定的有效性。给定初始条件和输入集合,软件模型计算得到的行为应当与该系统的真实行为相近。通常这两者的行为完全吻合的机会很小,因此用有效性来表示吻合程度。在实际应用中,使用理想软件模型的运行情况来替代作战系统的真实行为。

定义 5.7 理想软件模型:理想软件模型 SM^* 是与作战系统精确吻合的软件模型 SM,当且仅当 $L(SM^*) = (S^*, I^*, M_S^*)$ 能够展现作战系统所有理想的观测值。

通常不可能得到理想软件模型 SM^* 的完整表示,而是通过对作战系统的物理或概念上的观测来获得。因此,软件模型的有效性可以从定量和定性两个角度进行判定。

定义 5.8 SM 的定量有效性:假设软件模型 SM 的状态和输入分别为 $s = (s_1, s_2, \cdots, s_k) \in S, i = (i_1, i_2, \cdots, i_k) \in I$。SM 的定量有效性(Validity)可以表示为:

$$V^*(SM, SM^*, a) = \sum_{i \in I} V^*(SM, SM^*, i, a)$$

$$= \sum_{i \in I} [\mid s_1^* - s_1 \mid \cdot a(i,1), \mid s_2^* - s_2 \mid \cdot a(i,2), \cdots, \mid s_k^* - s_k \mid \cdot a(i,k)]$$

其中,$a(i,k)$ 表示输入向量 i 第 k 个元素的状态对应的权重。

定义 5.9 SM 的定量有效性验证:软件模型 SM 有效的充分条件是 $V^*(SM, SM^*, a) \leqslant \varepsilon$,其中 ε 为根据用户需求给出的一个误差向量,向量中元素针对的是每个状态的误差向量。

由定义 5.8 可知,计算 $V^*(SM, SM^*, a)$ 的关键是要计算各个 $\mid s_k^* - s_k \mid$。如果 SM 及 SM^* 输入相同且状态可测,则根据公式可以直接计算有效性,随后进行定量判定。但是如果输入不严格相同或状态不可测,只能对有效性进行定性判定,即考察 SM 与 SM^* 状态之间的关系。

定义 5.10 SM 的定性有效性:已知 SM 和 SM^*(SM^* 是作战系统的理想系统),SM 是定性有效的条件为:存在一个有效关系 V,使得 $L(SM_1) \Rightarrow_V L(SM^*)$ 成立。

V 可以是对等关系和 Metric(度量)关系。给定 $L(SM_1) \Leftrightarrow_V L(SM^*)$,如果 V 是一个 Metric 关系,SM 被称为是在带有参数 δ 的

Metric u 下是有效的。

3）组合验证

仿真软件部件 SSC、仿真系统 SS 等软件模型都是由它们的各个组成部分组合而成,组合是否有效,需要验证。

软件模型 SM 要能够进行有效组合必须满足语法组合和语义组合要求。语法组合确保各 SM 的组装和互操作的问题;语义组合是指组合后的 SM 是否在语义上有效。

定义 5.11 语法组合:给定仿真软件模型 $F:X{\rightarrow}Y$,其中 $X\subseteq S\times I$ 以及 $Y\subseteq S\times O$,以及模型 $G:X'{\rightarrow}Y'$,其中 $X'\subseteq S'\times I'$ 以及 $Y'\subseteq S'\times O'$,则两个仿真软件模型的语法组合可以表示为 $F{\circ}G:X''{\rightarrow}Y''$,其存在的充分必要条件为 $S'=W(S)$,其中 $X''\subseteq S\times I'',Y''\subseteq S\times O'',I''=I\times I',O''=O\times O',W:S{\rightarrow}S'$。

接口 W 的作用是为各仿真软件模型准备输入变量,而不改变任何变量的值,因此根据定义接口 W 的创建是实现语法组合的主要内容。

定义 5.12 语义组合:仿真软件模型 F 和 G 的语义组合存在,当且仅当下列条件成立:

（1）在 $F{\circ}G$ 满足语法组合;

（2）存在复合映射 $C_{F{\circ}G}$,其中 $C_{F{\circ}G}$ 定义为复合向量 $\bar{s}=(y_i,x'_j)$ 构成的集合,$y_i\in Y,x'_j\in X'$,且为 $M=(F,G)$ 上的一个偏序（确保模型之间的数据传递不存在同步循环）;

（3）存在有效性关系 V,使得 $L(F{\circ}G)\Rightarrow_V L(F^*{\circ}G^*)$。

F^*,G^* 分别为模型 F 和 G 的理想模型。

根据语法组合的定义,仿真软件模型组合有效性的定量验证为:

给定有效仿真软件模型 $F:X{\rightarrow}Y$,其中 $X\subseteq S\times I$ 以及 $Y\subseteq S\times O,s=(s_1,s_2,\cdots,s_k)\in S,i=(i_1,i_2,\cdots,i_k)\in I$;以及模型 $G:X'{\rightarrow}Y'$,其中 $X'\subseteq S'\times I'$ 以及 $Y'\subseteq S'\times O',s'(s'_1,s'_2,\cdots,s'_k)\in S',i'=(i'_1,i'_2,\cdots,i'_k)\in I'$;其组合表示为 $F{\circ}G:X''{\rightarrow}Y''$,其中 $X''\subseteq S\times I'',Y''\subseteq S\times O'',I''=I\times I',O''=O\times O',s=(s_1,s_2,\cdots,s_k)\in S,i=(i''_1,i''_2,\cdots,i''_k)\in I''$。

仿真软件模型组合的模型 $F{\circ}G$ 的有效性可以表示为:

$$V^*(F{\circ}G,F^*{\circ}G^*,a)=\sum_{i\in I}V^*(F{\circ}G,F^*{\circ}G^*,i'',a)=$$

$$\sum_{i\in I}\left[\mid s_1^* - s_1\mid \cdot a(\boldsymbol{i''},1),\mid s_2^* - s_2\mid \cdot a(\boldsymbol{i''},2),\cdots,\mid s_k^* - s_k\mid \cdot a(\boldsymbol{i''},k)\right]$$

其中 $a(\boldsymbol{i''},k)$ 表示输入向量 $\boldsymbol{i''}$ 的第 k 个元素,是组合的模型状态对应具体应用系统的权重,其判定就是确定有效性的定量计算值是否出于用户给定的门限范围内。

同样,根据语义组合的定义,组合有效的定性验证为:是否存在有效关系 $V_{F \circ G}$,使得 $L(F \circ G) \Rightarrow_{V_{F \circ G}} L(F^* \circ G^*)$ 成立。

3. 软件模型测试

本小节将从仿真软件单元 SSU、仿真软件部件 SSC 及仿真系统 SS 三个层面来对软件模型测试进行研究。

1)仿真软件单元 SSU 测试

仿真软件单元 SSU 测试一般由模型开发人员自行完成或委托第三方评测机构执行,VV&A 人员对 SSU 测试进行抽查。SSU 测试的主要内容包括功能测试、接口测试、局部数据结构测试、边界条件测试、独立路径测试及错误处理测试,如图 5 – 12 所示。

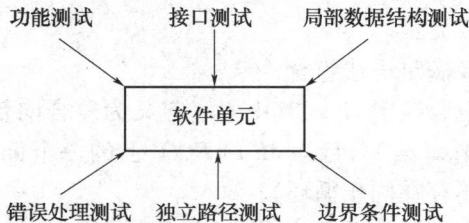

图 5 – 12　仿真软件单元 SSU 测试的主要内容

下面应用本章所介绍的基于状态和基于数据流的测试方法,以仿真程序设计软件 CModelForm 类的测试为例来说明 SSU 测试。

(1)基于状态的 CModelForm 类测试过程。CModelForm 类在仿真软件中具有对模型及参数信息的修改、添加、删除和刷新功能。它的属性有 6 个:m_ButtonModelAdd、m_ButtonModelUpdate、m_ButtonModelDelete、m_ButtonModelRefresh、m_pModelRecordSet 及 m_CurrentClassId;操作也有 6 个,即 OnInitialUpdate( )、OnButtonAllowAdd( )、OnButtonAllowUpdate( )、OnButtonAllowDelete( )、OnButtonRefresh( )及 ShowModelInf( )。

124

① 区分状态属性。根据对类的分析，m_ButtonModelAdd、m_ButtonModelUpdate、m_ButtonModelDelete 值的变化引起了状态的变化，所以这三个变量为状态属性。

② 划分对象状态。m_ButtonModelAdd、m_ButtonModelUpdate、m_ButtonModelDelete 属性为布尔型，即 ture 或者 fause，可表示 T 和 F，所以 CModelForm 类的状态空间 S 为三个变量的笛卡儿乘积，即：
$S = \{S1, S2, S3, S4, S5, S6, S7, S8\} = \{\langle F, F, F \rangle, \langle T, F, F \rangle, \langle T, T, F \rangle, \langle T, F, T \rangle, \langle T, T, T \rangle, \langle F, T, F \rangle, \langle F, T, T \rangle, \langle F, F, T \rangle\}$。

③ 构造状态转换集。对于仿真设计软件中的 CModelForm 类，完成模型添加、修改与删除功能，逻辑结构比较简单，因此可用表 5-5 列出。

表 5-5　对 CModelForm 类的每个操作符号执行的结果

执行路线	分支条件	执行结果
P1 OnButtonAllowAdd( ). p0	m_ButtonModelAdd. m_IsSelected = ! m_DataGrid_Model. GetAllowAddNew( )	m _ ButtonModelAdd. Draw( )
P2 OnButtonAllowAdd( ). p1	m_ButtonModelAdd. m_IsSelected = m_DataGrid_Model. GetAllowAddNew( )	
P3 OnButtonAllowUpdate( ). p0	m_ButtonModelUpdate. m_IsSelected = ! m_DataGrid_Model. GetAllowUpdate( )	m_DataGrid_Model. Refresh( )
P4 OnButtonAllowUpdate( ). p1	m_ButtonModelUpdate. m_IsSelected = m_DataGrid_Model. GetAllowUpdate( )	
P5 OnButtonAllowDelete( ). p0	m_ButtonModelDelete. m_IsSelected = ! m_DataGrid_Model. GetAllowDelete( )	m_DataGrid_Model. Refresh( )
P6 OnButtonAllowDelete( ). p1	m_ButtonModelDelete. m_IsSelected = m_DataGrid_Model. GetAllowDelete( )	

④ 构造状态图。由于 CModelForm 类的状态比较容易区分，而且三个转换函数逻辑上没有相关性，可分别执行，采用严格意义上的循环状态图会使转换关系变得更加复杂，所以用以下三个转换关系图来说明转换关系，如图 5-13 所示。

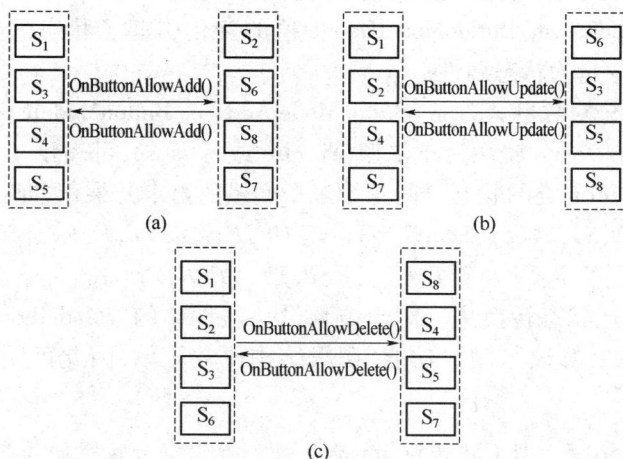

图 5 - 13   CModelForm 类状态转换图
(a) OnButtonAllowAdd( )转换关系；(b) OnButtonAllowUpdate( )转换关系；
(c) OnButtonAllowDelete( )转换关系。

考虑状态 $S_1 = <F,F,F>$，$S_2 = <T,F,F>$ 和运行路径 $P1$，该路径的分支条件为 m_ButtonModelAdd. m_IsSelected = ! m_DataGrid_Model. GetAllowAddNew( )，状态 S_1 执行 OnButtonAllowAdd( )P0 到达状态 S_2；S_2 经过 $P2$，即 OnButtonAllowAdd( )p1 到达 S_1。同样，S_3 与 S_6，S_4 与 S_8，S_5 与 S_7 通过 OnButtonAllowAdd( )的不同路径进行状态转换，如图 5 -14(a)所示。

⑤ 生成测试用例。由于该被测试对象的类功能比较简单，消息序列可由图 5 - 14 直接得到。如 S_1，OnButtonAllowAdd( )，S_2 为一个用例；S_1，OnButtonAllowUpdate( )，S_6 为另一个测试用例。类 CModelForm 共有 24 个这样的用例，这些用例只有一个操作、两个状态。

⑥ 测试结果及结论。由于 CModelForm 类的功能不太复杂，用例相对简单。经过测试，CModelForm 类的各个状态都能正确地转移，没有发现异常，符合设计要求，认为通过测试。

（2）基于数据流的 CModelForm 类测试过程。

126

① 找出定义—使用对。CModelForm 类中的定义—使用对如表 5-6所列。

变量在构造函数 CModelForm( )中定义,在另外三个函数中使用,定义变量用 Def( )表示,使用变量用 Pu( )表示。

从表5-6可知,定义—使用对有如下:< m_ButtonModelAdd, Def(m_ButtonModelAdd)和 Pu(m_ButtonModelAdd. m_IsSelected) >, < m_ButtonModelUpdate, Def(m_ButtonModelUpdate)和 Pu(m_ButtonModell Update. m_IsSelected) >等共 17 条路径。

表5-6 部分变量的测试用例序列

CModelForm( )	OnInitialUpdate( )
Def(m_ButtonModelAdd) Def(m_ButtonModelUpdate) Def(m_ButtonModelDelete) Def(m_ButtonModelRefresh) Def(m_CurrentClassId) Def(m_DataGrid_Model) Def(m_pModelRecordSet)	Pu (m_ButtonModelAdd. m_IsSelected) Pu(m_DataGrid_Model. GetAllowAddNew( )) Pu(m_ButtonModelAdd. Draw( )) Pu(m_DataGrid_Model . SetAllowRowSizing( )) Pu(m_DataGrid_Model. SetRowHeight( )) Pu(m_DataGrid_Model . SetHeadLines( ))
OnButtonAllowAdd( )	ShowModelInf( )
Pu(m_DataGrid_Model. SetAllowAddNew( )) Pu(m_DataGrid_Model. SetAllowUpdate( )) Pu(m_DataGrid_Model. Refresh( ))	Pu(m_pModelRecordSet. CreateInstance( )) Pu(m_pModelRecordSet – > CursorLocation) Pu(m_pModelRecordSet – > Open) Pu(m_DataGrid_Model. SetCaption( )) Pu(m_DataGrid_Model. SetRefDataSource( )) Pu(m_CurrentClassId)

② 经过分析,CModelForm 类没有上面所述的数据流异常情况。

③ 产生测试用例。对于 m_ButtonModelAdd 的定义—使用对,相应激活序列是:CModelForm( )、OnInitialUpdate( )、OnButtonAllowAdd( )、ShowModelInf( )、– CModelForm( )。对于 m_pModelRecordSet 的定义使用对,分别为激活序列 CModelForm( )、ShowModelInf( )、– CModelForm( )和 CModelForm( )、OnButtonRefresh( )、– CModelForm( )。其他的激活序列就不再逐一列出。

④ 结果及评价。通过找出所有变量的执行路径,能够对 CModel-Form 类的操作进行测试。在该类的测试过程中,我们对操作都进行了验证,并且执行了正确的结果,同时发现指针变量 m_pModelRecordSet 经过一系列使用后,最后没有释放掉内存,虽然在执行过程中没有出现异常,建议开发人员进行了修改。对仿真设计软件的测试结果列举如表 5 - 7 所列。

表 5 - 7　基于数据流的 CModelForm 类测试结果

类名	测试用例数目	发现错误数目	错误原因
CModelForm	17	1	无释放内存

（3）两种测试方法比较。通过这两种测试方法的应用可以看出:使用基于状态的测试,主要检查行为和状态的改变,而不是内在逻辑,这样可能遗漏数据错误,尤其是没有定义对象状态的数据成员容易被忽略;基于数据流测试是基于代码的方法,能够发现在基于状态测试中无法测试到的数据成员错误,是基于状态测试的有益补充,如在基于状态的测试过程中并没有测试到指针变量 m_pModelRecordSet。但是,基于数据流测试有时选择测试用例比较困难,代价会比较高。在实际的测试中,合理使用这两种方法能够提高测试效率。

2）仿真软件部件 SSC 测试

SSC 测试即为验证 SSC 是否能够满足设计要求。采用黑盒测试方法来测试 SSC,由模型开发人员和 VV&A 人员共同完成或委托第三方评测机构执行。

SSC 测试的具体内容包括功能、性能（时间特性及资源特性）、可靠性（容错性、易恢复性及错误处理能力）、易用性（易理解性、易学性及易操作性）、可维护性和可移植性等。

通过对控制与管理分系统的所有类进行单元测试后,能够满足可信性要求,可以被组装成分系统。相对于 XX 作战仿真系统而言,控制与管理分系统可以看成是 SSC。本书以 VV&A 组抽查的方式,对该分系统的模型管理功能进行了测试,部分功能测试结果如表 5 - 8所列。

表5-8　控制与管理分系统的模型管理功能部分测试结果

测试项	功 能	输入操作	测试方法	评价标准	是否满足
仿真设计软件模型管理功能	添加模型类参数	单击添加、修改、删除模型类参数操作	黑盒测试	对应的模型类参数应存在	√
	添加模型类输入信息	单击添加、修改、删除模型类输入信息操作	黑盒测试	对应的模型类输入信息应存在	√
	添加模型类输出信息	单击添加、修改、删除模型类输出信息操作	黑盒测试	对应的模型类输出信息应存在	√
	向模型类添加模型	单击添加、修改、删除模型操作	黑盒测试	添加模型时其对应的模型类应存在	√
	删除模型类	点击添加、修改、删除模型类操作	黑盒测试	删除模型类信息及其拥有的模型、参数、输入及输出信息	√

第7章将以仿真软件部件 RTI(Run-time Infrastructure)为例进行功能和性能测试。

3）仿真系统 SS 测试

SS 测试就是指将已组装好的作战仿真系统在实际的运行环境下,对它进行系列测试,以验证 SS 与需求的符合性以及软件在系统中功能和性能的正确性。SS 测试的内容包括功能性(包括适合性、准确性、互操作性、依从性和安全性)、可靠性(包括成熟性、容错性和易恢复性)、易用性(包括易理解性、易学性和易操作性)、效率(包括时间特性和资源特性)、维护性(包括易分析性、易改变性、稳定性和易测试性)及可移植性(包括适应性、易安装性和易替换性)等方面的测试,如图5-14所示。

对作战仿真系统进行完全测试很困难,也没有必要,通常通过典型的应用进行有选择性地测试。

下面以某作战仿真系统网络性能的测试为例来研究 SS 测试。

在某作战仿真系统中,参与仿真的联邦成员数量非常多,分布在多个仿真节点中。为了达到实时仿真效果,对仿真系统的网络性能要求比较高。一般地,评价网络性能的主要指标包括数据传输延迟、丢包率及网络吞吐量三个方面。本书以网络数据传输延迟和丢包率的测试为例进行研究,网络吞吐量的测试方法和丢包率测试方法基本相同。

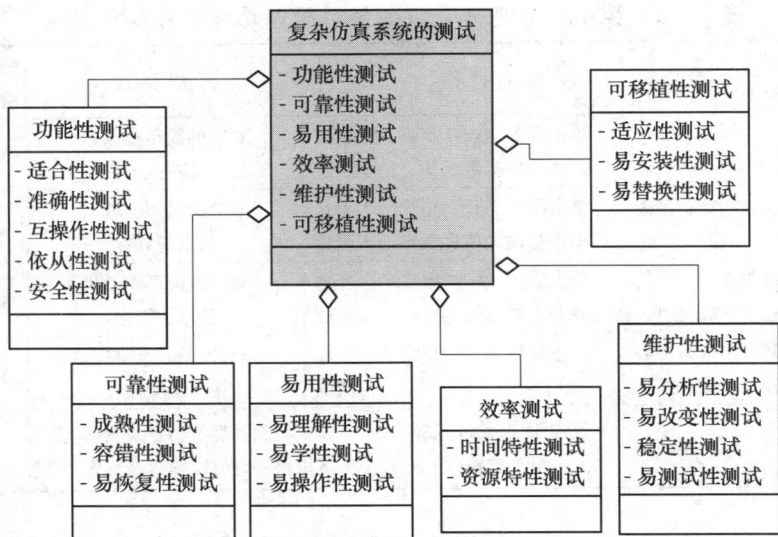

图 5-14 仿真系统的测试内容

（1）网络数据传输延迟测试。数据传输延迟是指数据从一个节点发送到另外一个节点所需要的时间。数据传输时间与网络选择有关，主要由计算机性能、网络协议以及网络消息的流量决定，其时间值分布很大。数据传输延迟可以通过数据的时戳属性获得最精确的当前时间来进行测量。如果发送和接收节点有一个同步时间源，接收节点可以通过由同步时间源得到的时间减去从反射中收到的时戳来计算延迟。对于单向延迟测量要求时钟严格同步，在实际的测量中很难达到，因此都采用往返延迟进行测量，以避开时钟同步问题。接收节点应在收到数据后立即返回给发送节点。接收节点取出时戳并计算延迟，延迟＝（当前时间－时戳）/2。发送节点收到上一次发送所返回的时戳后才能进行下一次发送，实际测量中通常取多次"发送—反射"消息循环的统计平均值计算时间延迟。

测试方法是：发送节点将测量包写入共享内存，并发送一个中断，接收节点一接收到中断，读取数据，随后立即返回一个中断。发送节点接收到中断之后进行下一次循环，测量 1000 次的时延。加入中断是为

了 CPU 接到数据后能够进行响应,而且中断接收与发送的时间非常短,可忽略不计。

发送节点与接收节点主要代码实现如下:

```
// 发送节点
for(i =1; i < =1000; i + +)
{
clock_settime(CLOCK_REALTIME,0); //设置时间
RFM2gWrite(Handle,0x0,buff,1024); //写 1024B 数据到一个
内存地址
RFM2gSendEvent(Handle,&EventInfo); //发送中断
RFM2gWaitForEvent(Handle,&EventInfo); //接收中断
value = 0xff - i;
memset(buff,vulue,1024); //把反射内存清空
clock_gettime(CLOCK_REALTIME, ptime); //读取时间
}
//接收节点
RFM2gWaitForEvent(Handle,&EventInfo); //等待接收中断
RFM2gRead(Handle,0x0,buff,1024); //读取数据
If (checkbuff (buff, (0xff - i) = =1);
RFM2gSendEvent(Handle,&EventInfo); //发送中断
i + =1;
```

某仿真系统的网络数据传输延迟测试结果如图 5 - 15 所示。

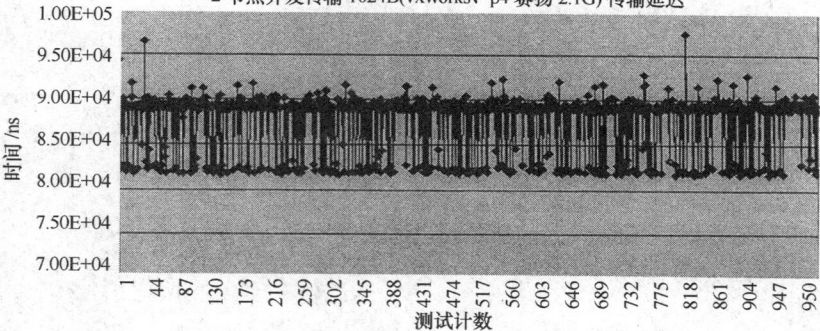

图 5 - 15　网络中 2 个节点传输延迟测试结果

131

从测试的结果来看,该网络的节点时间延迟小于0.01s,能够满足系统要求。

(2) 网络丢包率测试。网络传输数据通过逐层协议打包后,再通过网络进行传输。当数据通过一个接口时,由于数据包的大小以及数据发送时链路的拥塞状况等会导致数据包在网络上传输时有一部分数据可能会丢失。网络丢包率是指丢失的IP包与所有的IP包的比值。

测试网络丢包率的测量方法是从发送节点发出数据,并记录数据包的数量,在接收点记录收到数据包的数量,最后计算出丢包率。本书采用被动的测试方法,即在仿真系统的网络节点添加数据包发送、接收记录程序,记录相对应的数据传输的发送与接收的数量,从而得到丢包率。这种方法的优点在于能够充分利用仿真环境,得到的丢包率即为仿真系统关心的性能数据。

下面给出点到点的丢包率测试代码:

```
//client 端:发送数据
for ( int i = 1; i < Ndata; i + + ) {
 Printf ("% d", i);
 int num = sendto( sockfd, buf, buflen, 0, ( struct sockaddr
* )&server_addr, sizeof( struct sockaddr) );
 if ( num = = -1)
 { printf("error: sendto \n");
 exit(1); }
}
//server 端:接收数据
for ( int i = 1; i < Ndata; i + + ) {
 Printf ("% d", i);
 int num = recvfrom( sockfd, buf, buflen, 0, ( struct sockaddr
* )&client_addr, &addr_len );
 if ( num = = -1)
 { printf ("error: recvfrom \n");
 exit(1); }
}
```

通过对该仿真系统的两个节点进行了三次测试,结果显示数据包没有丢失。

第6章　作战仿真系统可信度评估

6.1　引　言

前面第4章和第5章对作战仿真系统的主要阶段进行了校核与验证(V&V),确保仿真系统满足可信性要求,但是为了获得作战仿真系统的可信性程度(即可信度),还必须对作战仿真系统建设的各个阶段进行可信度评估,从而为作战仿真系统的确认提供重要的参考依据。

对作战仿真系统进行可信度评估,首先应该明确评估的内容,确定可信度评估方式;其次需要针对具体的作战仿真系统,建立一套合适的作战仿真系统可信度评估指标体系;最后根据作战仿真系统的特点,提出较为实用的作战仿真系统可信度评估方法。

6.2　作战仿真系统可信度评估与 VV&A 的关系

定义 6.1 可信度评估(Credibility Evaluation):分析作战模型与仿真相对于特定应用目的而言,其过程、现象和结果正确反映真实世界的程度的过程。简单地说,可信度评估就是求取作战模型与作战仿真系统的可信性程度的过程。

可信度 C 是对可信性的量化描述。对于作战模型或仿真系统 A、B,可以得到以下三条结论:

(1) $0 \leqslant C(A) \leqslant 1$;

(2) $C(A) \geqslant C(\text{Meta}A)$;

(3) $\max(C(A), C(B)) \geqslant C(A+B)$;

其中:$C(A)$、$C(B)$ 分别是 A 和 B 的可信度;$\text{Meta}A$ 为 A 的元模型,是模型的 A 抽象。结论(1)说明可信度的数值为 $[0,1]$ 区间上的正实

数,数值越大可信度越高;$C=0$ 表示该作战模型或仿真系统不具备任何可信性,$C=1$ 表示该作战模型或仿真系统完全可信,这是两种极端情况。结论(2)说明随着作战模型或仿真系统的抽象层次升高,它们的可信度降低。结论(3)说明两个作战模型集成后的可信度小于它们中较大的可信度,故我们常说作战仿真系统每一个部分可信并不代表整个系统可信。

作战仿真系统可信度评估与 VV&A 之间的关系非常密切。美国国防部的《VV&A 实践指南》中指出"模型与仿真的可信度可以通过 V&V 来测量",也有人认为可信度评估就是仿真 VV&A,但本书认为:广义上,可信度评估属于 VV&A,是在仿真 VV&A 过程中求取模型与仿真系统的可信度的重要活动。它与 VV&A 都是以可信性为纽带,二者之间既有联系又有区别,主要表现为:

(1)参与可信度评估与 VV&A 活动的主体不一样:可信度评估活动的主体主要是专门的评估人员,是 IV&V 人员的一部分;而 VV&A 活动的主体比较广泛,由第 2 章的 VV&A 原则可以认为参与作战仿真系统建设所有人员都是 VV&A 活动的主体。

(2)VV&A 为可信度评估提供文档、数据、方法和工具的支持,进行可信度评估时要充分利用 V&V 的成果,而可信度评估的结果也可以为 VV&A 的确认工作提供重要的参考依据。

(3)VV&A 是贯穿于作战仿真系统整个生命周期的一项重要活动,通过以一定规范去约束系统的开发、利用 V&V 技术与方法来确保仿真系统的可信度;若可信度达不到要求,可以督促开发人员进行修改,再次进行 V&V 与评估。因此,VV&A 是一个重复迭代的过程。而可信度评估是对作战仿真的各个阶段产品进行可信性度量的活动,这个过程要比 VV&A 过程短。仿真系统一旦建成并投入使用后,该系统的可信度评估活动就结束。

(4)VV&A 中的确认结论是在系统的可信度满足要求的情况下由确认代理作出,其中可信度评估的结果是确认的一个重要条件;而可信度评估只是对模型与仿真系统进行客观评价,不需要对评价结果作出是否可以接受的判断。

6.3 作战仿真系统可信度评估的类型与方式

对作战仿真系统进行可信度评估,首先要明确评估的类型及开展评估活动的方式。下面从可信度评估的类型与方式两个方面展开研究。

6.3.1 作战仿真系统可信度评估的类型

作战仿真系统可信度评估主要有以下三种类型(图6-1)。

1)同一个作战仿真系统内部不同构成部分的可信度评估

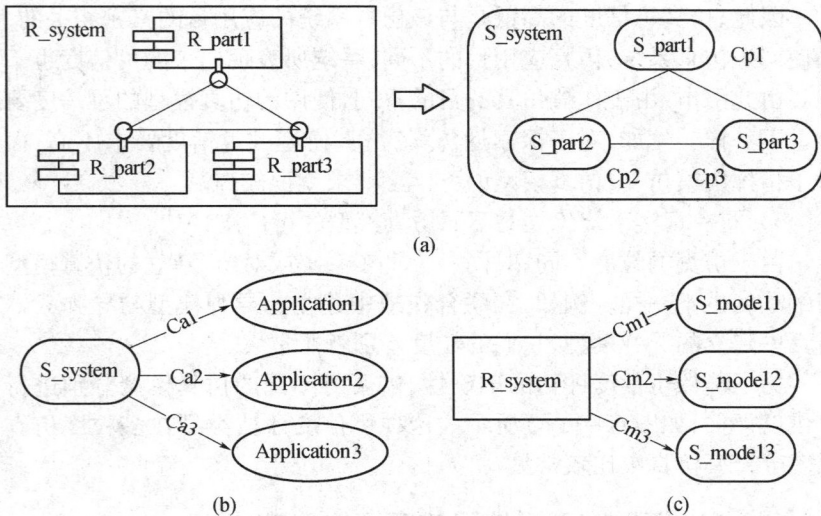

(a)

(b)   (c)

图6-1 作战仿真系统可信度评估的类型
(a)同一仿真系统的不同构成部分;(b)同一仿真系统的不同应用目的;
(c)同一真实系统的不同仿真模型。

注:图6-1中带前缀"R_"的描述表示真实世界,带前缀"S_"的描述表示仿真世界。

如图6-1(a)所示,必须对同一个作战仿真系统内部不同的构成部分进行可信度评估,这种类型的可信度评估是最常见的,因为仿真系统的可信度是由构成该系统的不同组成部分的可信度综合而成。对作战仿真系统进行可信度评估时,需要将仿真系统按层次向下依次分解

为分系统、子系统,直至部件,先对部件进行可信度评估,再向上对子系统直至分系统进行可信度评估,最后对整个作战仿真系统进行可信度评估。这正是遵循第 2 章中的 VV&A 原则 1。

2)同一仿真系统的不同应用目的的可信度评估(图 6-1(b))

由于作战仿真具有目的性,导致作战仿真系统的可信度评估也需要在一定的目的下进行,不存在超越特定应用目的的可信度评估。可信度评估的目的就是评价作战仿真系统能否满足特定的应用目的,离开仿真应用目的仿真可信度评估是没有任何意义的,这是作战仿真系统可信度评估的本质属性。

因此,仿真可信度的高低是与该仿真系统的应用目的紧密相关的。即使同一仿真系统,仿真应用目的不同,系统所表现出来的可信度也不同。由此引申,由于作战仿真的目的不同,使用的仿真模型的可信度要求也不一样。例如,对于探索性仿真,仿真模型的可信度要求不高;而对于指挥决策仿真,仿真模型的可信度要求就比较高。

3)同一真实系统建立的不同仿真模型的可信度评估

由于仿真的粒度不同,对同一个真实系统或对象,建立的仿真模型粗细程度也不一样。例如,在联合作战中建立的导弹模型与导弹武器仿真中建立的导弹模型,它们的粒度差别就非常大。

为了确保可信度评估的准确性,需要对不同的仿真模型分别进行可信度评估,如图 6-1(c)所示。这种可信度评估类型在多粒度仿真或多分辨率仿真中比较常见。

6.3.2 作战仿真系统可信度评估的方式

从信息论的角度,可以用问题规约法对作战仿真系统可信度评估任务进行两种形式分解。因此,本书将作战仿真系统可信度评估分为如下两种方式。

1)可信度评估方式一:按照作战仿真系统研制的阶段进行评估

其工作原理是:

(1)根据第 2 章介绍的作战仿真系统的过程以及第 4、5 章的 V&V 研究,将作战仿真系统的可信度评估问题分解为 5 个子问题,即需求评估、概念模型评估、数学模型评估、软件模型评估以及仿真系统评估;

（2）分别将5个子问题按照仿真系统的组成结构进行层次分解，求解这些子问题，子问题还可以进一步分解为更简单的子问题，如需求评估可以分解为各个分系统的需求评估，分系统的需求评估又可以分解为子系统的需求评估，直到仿真组件的需求评估为止，如图6-2所示；

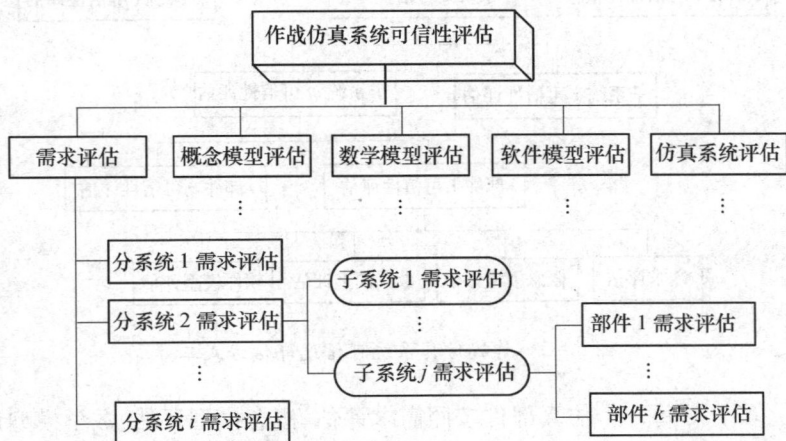

图6-2 作战仿真系统可信度评估方式一

（3）按照可信度评估问题分解的逆方向进行评估便可以得到作战仿真系统的可信度，即先从仿真部件的需求评估开始，一直向上集成，所有的需求评估综合，便可以得到作战仿真系统的需求可信度，同样所有的概念模型、数学模型及软件模型的可信度分别综合以后可以得到作战仿真系统的概念模型、数学模型及软件模型的可信度，最后将仿真系统的四个阶段的可信度按权重不同进行综合计算便得到整个作战仿真系统的可信度。

2）可信度评估方式二：按照作战仿真系统的组成部分进行评估

其工作原理是：

（1）将作战仿真系统的可信度评估任务分解为组成仿真系统的各个分系统的可信度评估子任务，子任务的数量与分系统的数量相等；

（2）分别将每一个分系统的可信度评估任务分解为相应的子系统的可信度评估任务，直到分解到仿真部件的可信度评估任务为止，如图6-3所示；

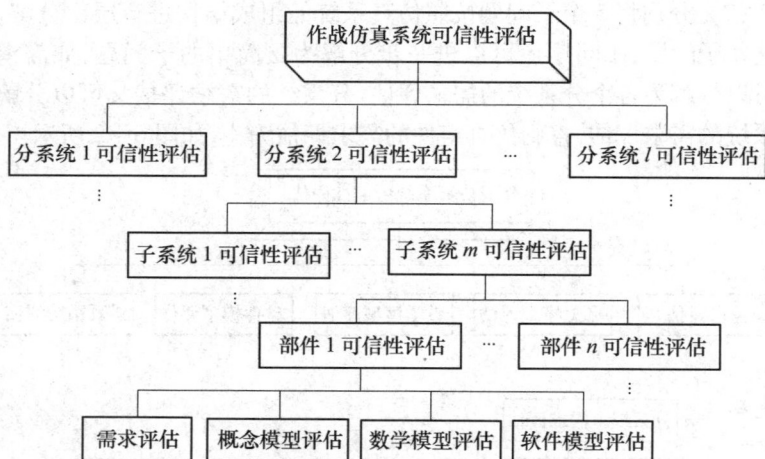

图 6-3 作战仿真系统可信度评估方式二

（3）对每一个仿真部件按照需求评估、概念模型评估、数学模型评估以及软件模型评估顺序进行可信度评估，得到每一个仿真部件的可信度。再按可信度评估任务分解的逆方向进行综合评估，即从仿真组件的可信度评估开始，一直向上综合，便可以得到整个作战仿真系统的可信度。

3）两种可信度评估方式比较

可信度评估方式一适用于新开发的仿真系统或者仿真系统研制周期比较长的情形，可信度评估方式二适用于在对已有的仿真系统进行改造或者参与仿真系统研制单位比较多的情况。

（1）对于可信度评估方式一，如果是新开发的仿真系统，一般首先要确保系统需求和军事概念模型的正确性和可信性，必须在它们满足可信度要求的前提下才能进行后面的工作，这样能够大大降低仿真系统开发的风险，而且有利于仿真系统各类模型之间保持一致性，另外这部分工作主要由军事人员来完成，开展起来相对单一，评估时间也会缩短；如果仿真系统研制周期比较长，评估工作应该以阶段性为主。本书第 7 章的实例就是采用这种可信度评估方式。

（2）而对于可信度评估方式二，如果在已有的仿真系统基础上改

138

造的系统,采用可以重用已有的可信度评估结果,这样可以避免评估工作重复,从而提高可信度评估的效率;如果参与仿真系统研制单位比较多,由于每一个研制单位负责的分系统(或子系统)工作进度不同,应该按组成部分进行评估,以确保评估工作的连续性。

有时候,为了可信度评估工作的需要,也可以将两种评估方式进行结合,交叉进行。

6.4 作战仿真系统可信度评估指标体系

对作战仿真系统进行可信度评估,首先必须建立一套合适的可信度评估指标体系,否则得到的评估结果将不能使用。评估指标体系的内容主要包括评估项目、评估指标及评估值,其中评估值可以由评估人员定量或定性给出。评估指标的选择由评估目标与实际情况共同决定,它具有以下特点:

(1)相关性,即评估指标必须与评估目的和目标密切相关;

(2)完备性,即评估指标应当构成一个完整的体系,即应当全面地反映所需评价对象的各个方面;

(3)有限性,即评估指标总数应当尽可能地少,以降低评估负担;

(4)可测量性,即各层(尤其底层)评估指标可以直接或间接度量;

(5)独立性,即各个评估指标能够被独立地进行处理。

作战仿真系统的可信度评估指标体系主要包括模型和数据的可信度评估指标体系。而作战仿真系统的数据评估指标体系要求高,建立比较困难,主要原因有:①作战仿真系统的数据可信度评估要从数据提供者和数据用户两个角度进行,他们对数据关注的重点会不一样;②根据数据性质不同,作战仿真系统的数据往往可以分为参考数据、固定数据、实例数据、验证数据和交换数据等;按照数据作用不同,作战仿真系统的数据又可以分为基础数据、想定数据、方案数据、模型数据及仿真运行管理与控制数据等。这样,使得作战仿真系统数据的评估指标体系比较复杂,难以建立统一的评估指标体系。而大多数情况下,数据都采用标准格式数据,与模型有关的数据被置于模型中,参与模型的可信

度评估。因此,本书主要研究作战仿真系统模型部分的可信度评估指标体系。

下面以 XX 作战仿真系统为例,建立作战仿真系统模型部分的可信度评估指标体系。该体系主要包含军事需求评估指标、军事概念模型评估指标、数学模型评估指标及软件模型评估指标四个方面,通常称之为一级评估指标,如图 6-4 所示。

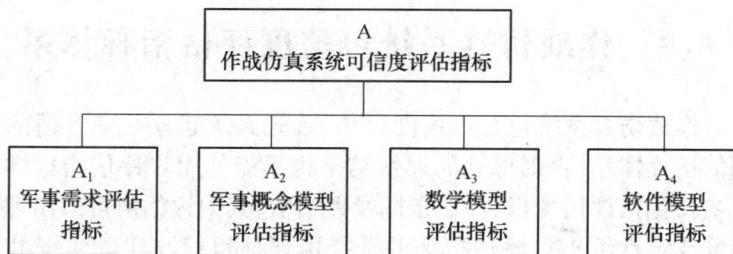

图 6-4　作战仿真系统可信度一级评估指标

一级评估指标的权重视实际情况由主题专家共同决定,一般军事需求与军事概念模型所占的权重要比数学模型和软件模型的权重要大。它们二者对作战仿真系统的建设起决定性作用,作战仿真系统是否能够反映真实的作战情况,主要取决于军事需求与军事概念模型是否正确、可信。

1)军事需求可信度评估指标

军事需求主要体现作战仿真系统建设的目的和目标,军事需求评估指标应该反映作战的各方面需求。就本书的研究而言,对军事需求进行评估的项目主要有作战任务分析、军事背景描述的正确性、作战行动描述、作战实体划分、作战关系描述、电磁与战场环境、指挥模型及使用军事术语的规范性等,称为二级评估指标;二级指标以下又可以细分为评估细则,称为三级评估指标,如图 6-5 所示。对军事需求进行可信度评估时,可以根据实际情况对二级和三级评估指标进行适当剪裁或增补,必要时还可以增加四级评估指标。

2)军事概念模型可信度评估指标

军事概念模型的可信度评估指标应该覆盖到军事概念模型的各个

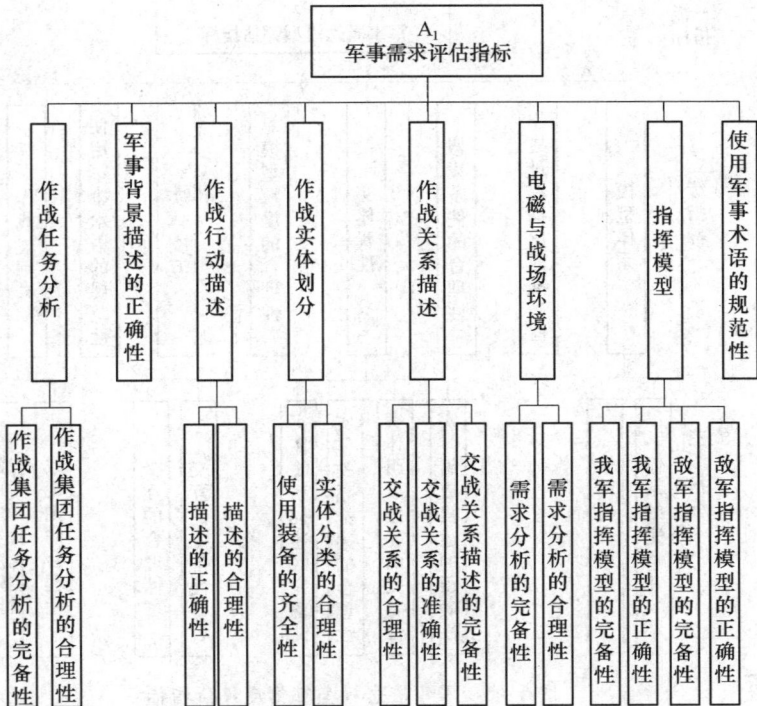

图 6-5 军事需求可信度评估指标

重要方面。对军事概念模型的可信度评估主要从模型体系、作战过程描述的合理性、实体属性、假设条件的合理性、实体交互、模型粒度的合理性、作战规则及使用军事术语的规范性等方面进行,称为二级评估指标。二级指标以下又可以细分为三级评估指标,如图 6-6 所示。同样,可以根据实际情况对二级和三级评估指标进行适当剪裁或增补,必要时还可以增加四级评估指标。

3)数学模型可信度评估指标

作战仿真系统的数学模型主要存在于仿真系统的概要设计和详细设计过程中,采用数学或其他方法对军事概念模型进行抽象。因此,数学模型可信度评估主要从实体描述、实体数据以及与军事概念模型的一致性等方面进行,称为二级评估指标。二级指标以下又可以细分为

141

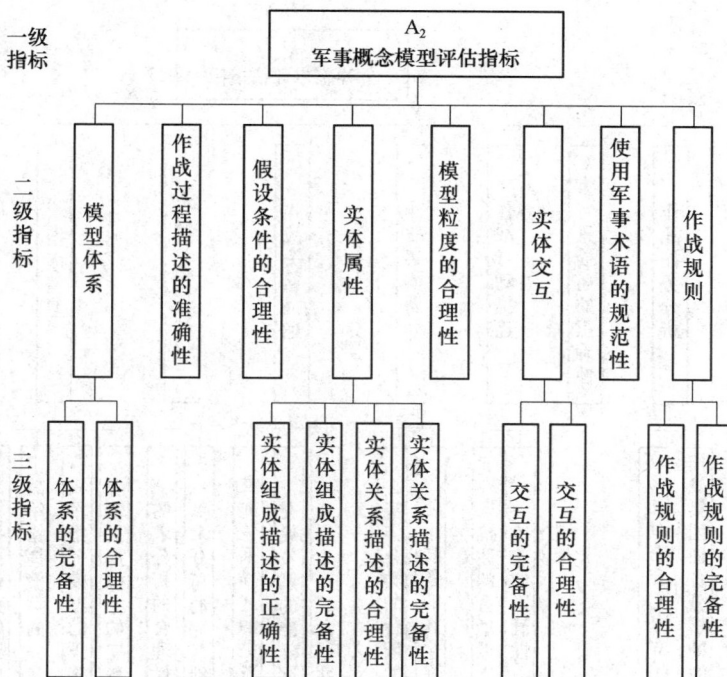

图6-6 军事概念模型可信度评估指标

三级评估指标,如图6-7所示。

4)软件模型可信度评估指标

作战仿真系统的软件模型主要存在于仿真系统的详细设计和实现两个过程中。因此,软件模型的可信度评估主要从静态检查及与模型测试两个方面进行,称为二级评估指标。

如图6-8所示,静态检查主要从算法、程序框图、程序代码、接口及与数学模型的一致性等评估细则进行评估;模型测试主要从功能测试、接口测试、性能测试、容错性测试、易恢复性测试及互操作性测试等评估细则进行评估,称为三级评估指标。根据需要,三级指标以下又可以细分为四级评估指标。

通过将四个阶段的可信度评估指标进行综合,便可以得到一套比较完整的作战仿真系统可信度评估指标体系。

图 6-7

一级指标：A_3 数学模型评估指标

二级指标：实体描述 ｜ 实体数据 ｜ 与军事概念模型的一致性

三级指标：
- 实体描述：静态结构描述的合理性 ｜ 行为过程描述的合理性 ｜ 时序关系描述的合理性 ｜ 行为规则描述的完备性 ｜ 行为规则描述的合理性 ｜ 交互数据描述的完备性 ｜ 交互数据描述的合理性 ｜ 交互数据描述的完备性
- 实体数据：属性项描述的完备性 ｜ 属性项描述的合理性 ｜ 状态项描述的完备性 ｜ 状态项描述的合理性 ｜ 初始化项描述的完备性 ｜ 初始化项描述的合理性
- 与军事概念模型的一致性：描述内容的一致性 ｜ 逻辑流程的准确性 ｜ 数据的完备性 ｜ 模型粒度的合理性 ｜ 与实体交互的完整性

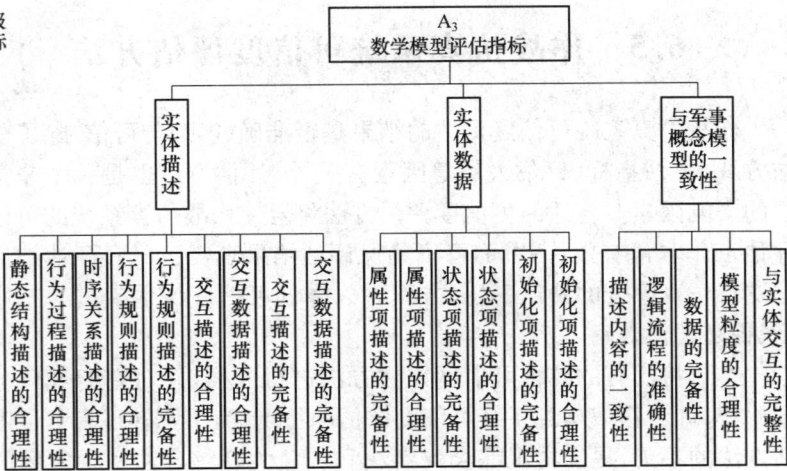

图 6-7　数学模型可信度评估指标

图 6-8

一级指标：A_4 软件模型评估指标

二级指标：A_{41} 静态检查评估指标 ｜ A_{42} 模型测试评估指标

三级指标：
- 静态检查评估指标：算法 ｜ 程序框图 ｜ 程序代码 ｜ 接口 ｜ 与数学模型的一致性
- 模型测试评估指标：功能测试 ｜ 接口测试 ｜ 性能测试 ｜ 容错性测试 ｜ 易恢复性测试 ｜ 互操作性测试

四级指标：
- 算法：算法设计的正确性 ｜ 算法设计的合理性
- 程序代码：结构的合理性 ｜ 可读性 ｜ 规范性 ｜ 逻辑正确性 ｜ 表达式的正确性
- 接口：参数使用的合理性 ｜ 一致性
- 与数学模型的一致性：描述内容的一致性 ｜ 实现功能的一致性 ｜ 逻辑流程的一致性

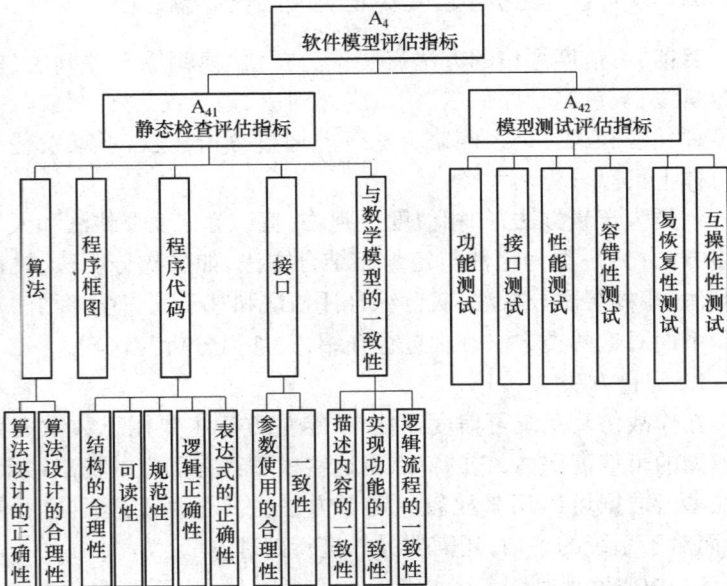

图 6-8　软件模型可信度评估指标

6.5　作战仿真系统可信度评估方法

　　作战仿真系统可信度评估的结果是否准确、客观与可信,除了与评估方式、评估指标、评估人员等因素有关外,评估方法也是一个非常重要的影响因素。合适的可信度评估方法将会使作战仿真系统的可信度评估工作非常有效:一方面可以确保评估结果真实、可信,评估结论能够支持仿真系统的确认;另一方面可以降低可信度评估人员的工作强度,提高评估效率。

　　本节将已有的几种可信度评估方法进行分类,并对它们进行分析和比较;针对作战仿真系统可信度评估的特点,为了弥补现有可信度评估方法的不足,提出主观综合评判法和灰色关联综合法两种实用的评估方法,并加以应用。

6.5.1　已有的可信度评估方法分析与比较

　　目前,可信度评估的方法有层次分析法、模糊综合评判法、模糊层次分析法、灰色综合评估法、相似度评判法、基于置信度评估法、基于逼真度评估法和人工神经网络方法等。通过分析比较,不难发现这些方法总体上可以分为两大类。

　　一类为定量方法,如相似度评判法、基于置信度评估法和人工神经网络方法;另一类为定性与定量相结合方法,如层次分析法、模糊综合评判法、模糊层次分析法、灰色综合评估法和基于逼真度评估法等。

　　下面对这两类方法分别进行介绍,并加以分析与比较。

　　1. 定量方法

　　在作战仿真系统可信度评估中,定量方法主要用于数学模型和软件模型的可信度评估,它的特点是这些模型都有确定的输出结果,而且存在参考数据可以用来比较。定量方法主要适用于模型的可信度评估,而对于系统的评估,还需要另外进行处理。

　　1)　相似度评判法

　　相似度评判法是可信度评估的一个最基本方法。这种方法应用相似理论,考察在相同的输入条件下模型的输出与理论设计值(理论输

144

出）是否一致及一致性的程度。

相似度评判法的核心思想是通过构造系统或者某一部件的与实际系统的相似元，比较相似元素的相似程度。这种方法简单、实用，便于计算机实现，而且可以在仿真的同时就可以得到模型的可信度。

相似度评判法可信度评估的算法如下所示。

算法 6.1：基于相似度评判法的可信度评估

　　输入：实际系统的模型参数 θ_R，仿真系统的模型参数 θ_S；

　　输出：相似度 C。

　　Step1：Let $\theta_R \leftarrow \theta_R(\theta_1, \theta_2, \cdots, \theta_n)$, $\theta_S \leftarrow \theta_S(\theta'_1, \theta'_2, \cdots, \theta'_n)$, $(i = 1, 2, \cdots, n)$, θ_i and θ'_i are the parameters of models；

　　Step2：choose similarity tuple $\mu_i \leftarrow \mu_i(\theta_i, \theta'_i)$, $i = 1, 2, \cdots, n$；

　　Step3：compute the similarity of the tuples

$$q(\mu_i) \leftarrow \frac{\min\{\mid \theta_i \mid, \mid \theta'_i \mid\}}{\max\{\mid \theta_i \mid, \mid \theta'_i \mid\}}, i = 1, 2, \cdots, n；$$

　　Step4：compute the similarity of models

$$C_j \leftarrow \sum_{i=1}^{n} r_i q(\mu_i), \sum_{i=1}^{n} r_i = 1, i = 1, 2, \cdots, n,$$

r_i is the weight of similarity tuple；

　　Step5：compute the similarity of simulation systems or subsystems

$$C_{\Sigma} \leftarrow \sum_{j=1}^{l} \omega_j C_j, \sum_{j=1}^{l} \omega_j = 1, j = 1, 2, \cdots, n, \omega_j \text{ is the weight of model,}$$

l is the sum of model structures involved in comparison.

　　注：权重 r_i 与 ω_j 可以由先验知识或主题专家评判给出。

2）基于置信度评估法

置信度是从概率的角度定义模型或仿真系统的可信度。首先给出待评估的模型或仿真系统的可信区间（通常由主题专家给出），用实际模型或系统的输出结果与相同条件下仿真输出结果之间的差值落在该可信区间的概率来定义模型或仿真系统的可信度。

基于置信度评估法的原理为：

设某军事系统的输出特征量有 m 个，其特征向量为 $X = (X_1, X_2, \cdots, X_m)$。其中 X 为随机型试验数据，其分布函数记为 $X \sim F(x_1, x_2, \cdots, x_m)$。在相同的输入条件下，该系统的仿真模型的输出特征向量

为 $Y = (Y_1, Y_2, \cdots, Y_m)$。其中 Y 为随机型试验数据,其分布函数记为 $Y \sim G(y_1, y_2, \cdots, y_m)$。一般可以认为,特征向量 X 与 Y 是相互独立的,即 (X, Y) 的联合分布函数为 $F(x_1, x_2, \cdots, x_m) G(y_1, y_2, \cdots, y_m)$。

假设仿真模型的可信区间为 $W = \{ |X_i - Y_i| < \varepsilon_i, i = 1, 2, \cdots, m \}$,$\varepsilon_i$ 为给定的仿真模型的可接受精度,则仿真模型的可信度实际上就是可信区间上的发生概率,即在给定的可信区间 W 的情况下,仿真模型的可信度可表示为:$C = P(W) = P\{ |X_i - Y_i| < \varepsilon_i, i = 1, 2, \cdots, m \}$。

3) 基于人工神经网络评估方法

基于人工神经网络的可信度评估方法的最大优点是该算法具有自适应、自学习能力,非常适合于需要对大量复杂数据进行最优处理的情况。

基于人工神经网络的可信度评估方法的一般步骤如下所示。

基于人工神经网络的可信度评估方法的步骤:

Step1:选择神经网络的类型,如感知器、BP 网络、动态递归网络等;

Step2:设计神经网络的结构和学习算法;

Step3:选择和获取训练样本,并进行适当的预处理;

Step4:定义目标函数 E(E 为网络输出与教师信号之间的误差函数)和误差容许限 E^*(E^* 为学习结束条件);

Step5:将样本数据输入到网络,进行网络训练,直到满足目标函数 $E \leqslant E^*$ 为止;

Step6:将待求解数据输入到网络,求解模型或仿真系统的可信度。

基于人工神经网络评估方法对作战仿真模型的实时可信度评估非常有用,但由于对人工智能知识要求较高,一般不常用。

2. 定性与定量相结合方法

在作战仿真系统可信度评估中,往往模型或仿真系统的结果很难定量给出,也不存在参考数据可以用来比较,尤其是联合作战仿真系统,大多数情况下由主题专家进行定性评判。因此,定性与定量相结合方法将是作战仿真系统可信度评估中比较常用的方法。这类评估的特点是当模型或系统的一部分输出存在确定值,就用该定量值进行评估;当模型或系统的一部分输出无法确定,而且没有参考数据可以用来比较,这时候需要充分利用主题专家的评判来定性确定。将二者进行综合,便可以得到模型或仿真系统的可信度。

1）层次分析法

层次分析法（Analyze Hierarchy Process, AHP）将人的主观判断用数量形式进行表达和处理，是一种定性与定量相结合的多准则决策方法。运用 AHP 方法进行可信度评估时，大体上可分为以下四步：①分析系统中各因素之间的关系，提出可信度评价指标，建立系统的多层次递阶结构；②对同一层次影响因素的重要性进行两两比较，构造两两比较判断矩阵；③计算各层次影响因素的权重，并进行一致性检验；④根据各影响因素的权重评估仿真系统的总体可信度。

AHP 方法具有系统、灵活、简便以及定性与定量相结合等特点与优点。AHP 方法能够把复杂的作战系统问题分解成各个组成部分，并将这些组成部分按支配关系分组形成多层次的递阶结构；然后通过两两比较的方法确定同一层次中各因素的相对重要性；最后综合决策者的判断，确定被选方案相对重要性的总排序。整个过程体现了人类思维决策的基本特征，即分解—判断—综合，这也是系统仿真可信度评估分析的基本过程。因此，AHP 是一种常用的可信度评判方法。但是，由于第②步中同一层次影响因素的重要性往往是由主题专家确定，而他们通常只给出定性结论，这样将导致各层次影响因素的权重无法计算出来；而且，第③步中的一致性指标有时难以达到。所以，AHP 方法在一定程度上将受到限制。

2）模糊综合评判法

模糊评判是考虑物质世界的模糊特性，在评价不确定性对象的优劣程度时，用优、良、中、差、较差等模糊概念来表达，是一种主观加客观、定量与定性相结合的方法。这种方法应用模糊数学中的模糊变换原理和最大隶属度原则，考虑与被评估模型相关的各个因素，对其进行综合评价。

运用模糊综合评判法（Fuzzy Synthetic Evaluation）进行可信度评判时，其过程可分为以下四步：①确定因素集和评判集；②确定因素集的权向量；③进行单因素评判，确定各因素对决策目标的评判向量，综合得到模糊评判矩阵；④选择适当的模糊算子并对它进行改善，进行综合评判，得到评判结果向量。

使用这种评估方法，由于经过模糊运算会"淹没"许多权重分配信

息,导致仿真系统的总体可信度结果的正确性受到影响。因此,通常采用多层次模糊综合评判。

3)模糊层次分析法

模糊层次分析法(Fuzzy-AHP,FAHP)是在层次分析法的基础上,对作战仿真系统的可信度进行模糊综合评判的方法。它与层次分析法的本质区别在于将 AHP 中的"构造判断矩阵"改变为"构造模糊一致性判断矩阵",解决了 AHP 中存在一致性指标难以达到的问题。

FAHP 的步骤可分为:①分析影响仿真系统可信性的因素,建立仿真系统可信性因素集的层次结构模型;②结合仿真应用目的和专家经验,给出可信度评估的决策集;③选择可信度评估的基本因素,进行单因素评判,包括建立单因素评判决策集、构造重要性两两比较矩阵、计算权重向量、进行一致性检验和计算单因素评判的可信度五个环节;④逐层向上,进行模糊综合评判,得到评判结果。

4)灰色综合评估法

灰色综合评估法是运用灰色理论将评估专家评判的分散信息综合处理成一个描述不同灰类的权向量,在此基础上再对其进行单值化处理,得到被评估对象的可信度综合评估值。

灰色综合评估法的步骤为:①建立灰色综合评估模型,分为三个阶段工作,即建立可信度评估树的层次结构、组织专家对评估树的指标进行评判打分、根据专家评判结果,建立灰色评估矩阵;②对各种评估因素和各专家进行权重系数选择,权重系数可以是专家直接给出,或采用信息分析法、模糊子集法等方法计算出来;③进行多层次综合评估。

5)基于逼真度评估法

逼真度就是指模型或仿真系统以可以测量或可察觉方式复现真实系统状态和行为的程度。逼真度是仿真可信的前提,对没有逼真度的仿真谈可信度毫无意义可言。基于逼真度评估法比较适合于作战仿真系统的战场态势显示模型、毁伤模型及环境模型的可信度评估。

基于逼真度评估法是在模糊层次分析法的基础之上进行求解逼真度(可信度)的方法。这种方法可以分为三个过程:①分析影响仿真模

型逼真度的因素,建立逼真度因素集的层次结构模型;②结合仿真模型目标和专家经验,分析指标的权重,即专家因素权重进行评判、构造专家的三角模糊互补判断矩阵、计算专家的归一化权重向量、求取各个专家权重向量的平均值即为最终权重向量;③计算模糊综合评估值,得到的评判结果即为模型的可信度。

3. 已有评估方法比较

前面已经对当前各种可信度评估方法进行了全面深入分析,从上述分析中,可以从定性与定量、主观与客观、是否需要计算权重、是否单因素评估,以及在作战仿真系统研制的全过程中的适用情况等方面进行比较,比较的结果如表6-1所列。

表 6-1   已有的可信度评估方法比较

评 估 方 法	定性/定量	主观/客观	计算权重	单因素评估	适 用 情 况
相似度评判法	定量	客观	√	√	模型
基于置信度评估法	定量	客观	×	√	模型
人工神经网络法	定量	客观	×	√	模型
层次分析法	定性与定量	主观与客观	√	×	子/分/系统
模糊综合评判法	定性与定量	主观与客观	√	√	子/分/系统
模糊层次分析法	定性与定量	主观与客观	√	×	子/分/系统
灰色综合评估法	定性与定量	主观与客观	√	×	模型、子/分系统
基于逼真度评估法	定性与定量	主观与客观	√	√	模型、子/分系统

注:打"√"表示适用,打"×"表示不适用

原则上,已有的可信度评估方法都可以应用于作战仿真系统的可信度评估工作中,但是,由于作战仿真系统具有作战领域的专业性、仿真结果缺乏对照数据源,以及作战模型的输出结果是一个动态的过程等特点,现有的可信度评估方法中主要存在以下两个方面的不足。

其一,不能满足作战仿真系统的军事需求与军事概念模型的评估的要求,因为这两个阶段的可信度评估主要依赖于主题专家的定性判断结果,而仿真技术人员由于专业知识的缺乏,无法对它们进行评判。

通常主题专家进行评判时,由于他们的知识结构和经验水平相差也比较大(如资深的军事专家和一般的仿真技术专家在对军事概念模型评判时,评判的结果显然存在很大的差异),如果都采用一样的专家权重,势必导致可信度评估结果缺乏准确性和客观性。因此,必须计算主题专家的权重。现有的可信度评估方法中,都没有考虑主题专家的权重。另外,将主题专家的权重计算应用于其他各种因素权重计算中,将会使各种可信度计算结果更客观、更准确。

其二,现有的可信度评估方法中对各评判因素的权重集确定主要采用直接给出、层次分析法、重要性排序法和模糊子集法等方法计算,但这些方法确定的权重不能满足作战模型的动态输出结果的评估需要。

因此,如果将上述可信度评估方法进行适当改进,将会使作战仿真系统的可信度评估工作更加有效。下面将提出主观综合评判法和灰色关联综合法两种可信度评估方法。

6.5.2 主观综合评判法

主观综合评判法就是充分利用主题专家的经验和知识对某一个评估对象的因素进行评价,然后综合运用层次分析法、模糊综合评判法或模糊层次分析法等,对整个仿真系统进行可信度综合评估,得到系统的可信度。该评估方法只是在已有方法的基础上进行改进,重点突出主题专家的作用以及他们权重的客观性。

主观综合评判法最适合于作战仿真系统的军事需求、军事概念模型、包含经验参数较多的数学模型以及高层作战的软件模型的可信度评估,因为这些评估项目都需要很强的专业知识,而且评估过程中对主题专家的依赖比较强,很难找到一种客观的、定量的可信度评估方法。在实际的可信度评估过程中,往往是聘请相关主题专家对它们的可信度进行主观评判。

如果只是对单个的军事需求、军事概念模型等进行可信度评估,主观综合评判法可以直接简化为三步:①计算主题专家的权重,这一步是主观综合评判法的工作重点。②主题专家对各个评估项进行可信度评判。评判时,主题专家可以定量给出可信度分值,也可以进行定性评

判。如果是定性评判,还需要进行模糊处理成可信度定量值。③将所有的主题专家的权重与相应的可信度相乘,并加权求和,便可以得到该项目的可信度。

如果是主观综合评判法评估子系统、分系统或系统的可信度,就采用下面的主观综合评判法的完整步骤进行。

1. 主观综合评判法的步骤

第一步,分析系统中各因素之间的关系,提出系统的可信度评价指标,建立系统的多层次递阶结构。

第二步,确定具体被评估项的可信度评价指标。本章的第四节给出了"XX作战仿真系统"的评价指标。

第三步,计算主题专家的权重。

第四步,主题专家对可信度评价指标进行评价。根据实际情况,主题专家可以定量给出可信度分值,也可以进行定性评判。如果是定性评判,还需要进行模糊处理。

第五步,计算单个被评估项的可信度。

第六步,采用模糊综合评判法、模糊层次分析法、灰色综合法、基于逼真度评估法或其他方法,对单个被评估项的可信度向上综合处理,便得到整个系统的可信度。

在以上的六个步骤中,第三步确定主题专家的权重是关键,而其他几步与其他评估方法类似。因此,本书着重研究主题专家的权重计算,其他步骤就不再详细说明。

2. 主题专家的权重计算

主题专家权重是他的权力大小的数量表示。在可信度评估活动中,专家权力的分布影响着可信度评估的模式和质量。专家权力依来源可以分为法定权力、奖励权力、强制权力、专长权力和模范权力五种。因此,在执行特定的可信度评估任务 τ 时,某个专家的权重 $P(\alpha,\tau)$ 是上述五种权力的函数:

$$P(\alpha,\tau) = F(L(\alpha,\tau),H(\alpha,\tau),C(\alpha,\tau),E(\alpha,\tau),M(\alpha,\tau))$$

其中,$L(\alpha,\tau)$、$H(\alpha,\tau)$、$C(\alpha,\tau)$、$E(\alpha,\tau)$ 及 $M(\alpha,\tau)$ 分别为在执行特定的可信度评估任务 τ 时,专家 α 被赋予的法定权力、奖励权力、强制权力、专长权力及模范权力。

作战仿真的可信度评估中,主要从技术的角度来考察专家的权力,起主要作用的是专家的专长权力,其他几种权力是次要的,可以不加考虑。所以,某个专家的权重 $P(\alpha,\tau)$ 可以近似为该专家的专长权,即 $P(\alpha,\tau)=E(\alpha,\tau)$。

专长权来源于个人在执行特定的可信度评估任务时所具有的知识和技能,与个人在组织中所担任的职务无关。某个专家的专长与这个任务所需要的专业素质越贴近,在相关领域的地位越高,则专长权越大,相应权重越大;反之,相应的权重也越小。因此,在执行特定的可信度评估任务 τ 时,某个专家的专长权的权重 $E(\alpha,\tau)$ 可表示为:

$$E(\alpha,\tau) = l^{h(\alpha)r(\alpha,\tau)} \tag{6.1}$$

其中:

$h(\alpha)$ 为不小于 1 的整数,称为专长等级系数,即 α 的专业地位等级,最低层为 1,每高一层递增 1。

例如,表 6-2 列出了 XX 需求校核的主题专家小组成员的专长等级系数。

表 6-2　XX 需求校核专家小组成员的专长等级系数

专家成员	概　况	专长等级系数 $h(\alpha)$
A	一般需求分析人员	1
B	高级需求分析人员	2
C	一般军事人员	1
D	高级军事人员	2
E	经验丰富、资深的需求分析人员	3
F	经验丰富、权威的军事专家	3

专长关联度 $r(\alpha,\tau)$ 的取值范围为 $[0,1]$,表示 α 的专业领域与可信度评估任务所需知识之间的关联程度。当 α 所专长的领域覆盖了可信度评估任务所需要的全部知识时,关联度最高,$r(\alpha,\tau)=1$;当 α 所专长的领域与可信度评估所需要的知识无关时,关联度最低,$r(\alpha,\tau)=0$。

确定专长关联度的方法如下:

（1）确定组织可能面临的可信度评估任务的类型。

（2）建立各类可信度评估任务的所需知识集合。

（3）知识是被组织为有意义模式和可重复过程的信息。因此，某个领域的知识可以被视为一些"知识点"的集合。一个知识点反映一个模式或一个过程，而这些知识点可以用关键词来表示，记作 $T_i = \{\omega_1^i, \omega_2^i, \cdots, \omega_{n_i}^i\}$，$T_i$ 为组织的第 i 类可信度评估任务的所需知识的关键词集合，$\omega_j^i (j = 1, 2, \cdots, n_i)$ 为描述该类任务知识领域的关键词，n_i 为 T_i 的关键词数量。

（4）建立专家的专长数据库，内容包括专家擅长的领域、工作业绩、学术成果等。

（5）根据可信度评估任务关键词集合与专家专长数据的匹配程度计算专长关联度。

（6）设可信度评估任务 τ_i 所需知识的关键词集合为 $T_i = \{\omega_1^i, \omega_2^i, \cdots, \omega_{n_i}^i\}$，则计算某专家 α^j 的专长关联度的算法如下所示。

算法 6.2：计算某专家 α^j 的专长关联度

输入：关键词 ω_k^i，专长数据库 DB；

输出：计算专家 α^j 关于 VV&A 任务 Y_i 的专长关联度。

$k \leftarrow 1, s \leftarrow 0$；

for each expert data $\alpha \in$ DB

if α's keyword $= \omega_k^i$ then

   $s \leftarrow s + 1$；

   if $k < n_i$ then

      $k \leftarrow k + 1$；

   else

      break；

   end

end

next

   return $r(\alpha^j, \tau_i) = s/n_i$。

校核军事需求所需检查的关键词，以及为承担此任务而成立的专家小组六名成员与它的匹配关系如表 6 – 3 所列。

表 6 - 3　需求校核的关键词及专家专长匹配情况

关键词 ＼ 专家小组成员	A	B	C	D	E	F
正确性	√	√	√	√		
清晰性		√		√		
规范性					√	√
可追踪性					√	√
一致性					√	√
专长与所需知识关键词匹配数量 s	1	2	1	2	3	3
关联度 $r(\alpha^j, \tau_i)$	1/5	2/5	1/5	2/5	3/5	3/5

注:打"√"表示专长领域与所需的知识关键词集合中相应元素匹配,空白表示不匹配

（3） $l > 1$ 称为组织专长权力基数,表明组织因专长等级而导致的权力集中程度。为了让专家能够平等参与可信度评估,参与者的权重不宜差距过大,专长关联度和组织专长权力基数一般都会取较小的值。通常地,组织专长权力基数 l 取 2 或 10。由于取 10 以后,初、中级程序编写人员和一般测试人员的权重会被淹没掉,故本书 l 取 2。

军事需求校核专家小组成员的专长权权重计算结果如表 6 - 4 所列。某个专家的权重可以近似为该专家的专长权的权重。

表 6 - 4　基于专长权的专家权重计算结果

专家小组成员	专长等级系数 h	专长关联度 r	$l = 2$ 时的专长权重
A	1	1/5	1.414（10.6%）
B	2	2/5	1.741（13.1%）
C	1	1/5	1.414（10.6%）
D	2	2/5	1.741（13.1%）
E	3	3/5	3.482（26.2%）
F	3	3/5	3.482（26.2%）

6.5.3　灰色关联综合法

由于许多作战模型的输出结果是以一个动态的过程展现出来,将灰色关联综合法应用于作战模型的可信度评估中,分析动态因素与因

素之间相关程度,符合客观实际,是一种简便而科学的方法。这种方法的基本思想是根据序列曲线几何形状的相似程度来判断其联系是否紧密,曲线越接近,相应序列之间的关联度越大,反之越小。因此,灰色关联综合法是通过对关联系数的分析,求出各评判因素的权重集,从而求出可信度,其结果较为客观,是一种合适的方法。

灰色关联综合法重点是对关联系数的分析。先求各个因素与由最佳因素组成的理想方案的关联系数,由关联系数得到关联度,再按关联度的大小进行排序、分析,得出结论。该法对数据资料的分布类型和样本量无严格要求,也不需提供评估的参照标准,且较准确地反映了评估项目的空间分布规律。

基于灰色关联分析的权重确定步骤如图6-9所示。

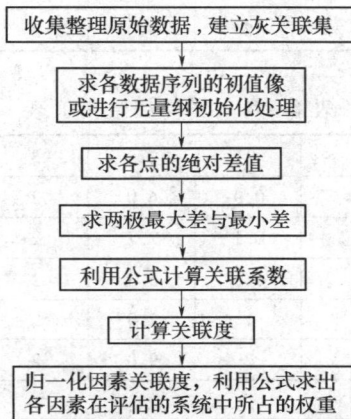

图6-9 灰色关联分析的因素权重确定步骤

当权重确定以后,综合运用其他评估方法或由主题专家直接给出待评估项的各个组成部分的可信度值,进行综合,便可以得到该评估项的可信度。

下面以灰色关联综合法来求 XX 作战武器模型的可信度。

第一步:收集整理原始数据,建立灰关联集。

其中,$X = \{x_0, x_1, \cdots, x_m\}$ 为因子集,x_0 为参考序列,x_i 为比较序列,$x_0(k)$ 与 $x_i(k)$ 分别为 x_0 与 x_i 的第 k 个点的数。对 XX 武器模型进

行了四次仿真试验,分别将仿真结果与参考值从五个因素进行比较,得到四组因素比较结果。收集的原始数据 如表 6 – 5 所列。

第二步:求各数据序列的初值项或进行无量纲初始化处理。

处理公式为 $x'_0(k) = \dfrac{1}{m} \sum\limits_{i=1}^{m} x_i(k), k = 1, 2, \cdots, n$。对表 6 – 5 的数据进行无量纲初始化,得到表 6 – 6。

表 6 – 5 不同仿真试验的因素比较结果

序 号	1	2	3	4	5
仿真试验 1	0.1	2.7	2	3.5	10.5
仿真试验 2	0.5	5.3	2	5.8	17.4
仿真试验 3	1	7.0	2	7.4	22.2
仿真试验 4	2	9.0	2	9.5	27.5

表 6 – 6 因素初始化值表

	1	2	3	4	5
X_0	0.9	6.0	2	6.55	19.4
X_1	0.1	2.7	2	3.5	10.5
X_2	0.5	5.3	2	5.8	17.4
X_3	1	7.0	2	7.4	22.2
X_4	2	9.0	2	9.5	27.5

第三步:求各点的绝对差值。

由公式 $\Delta_i(k) = |x'_0(k) - x_i(k)|$ 求取,其中,$\Delta_i = (\Delta_i(1), \Delta_i(2), \cdots \Delta_i(n)), i = 1, 2, \cdots, m$,求得各点的绝对差值 $\Delta_i(k)$ 结果如表 6 – 7 所列。

第四步:求两极最大差与最小差。

求得两极最大值 $\Delta_{\max} = \max\limits_i \max\limits_k \Delta_i(k) = 8.9$,两极最小值 $\Delta_{\min} = \min\limits_i \min\limits_k \Delta_i(k) = 0$。

第五步:利用公式计算关联系数 γ。

$$\gamma_i(k) = \frac{\Delta_{\min} + \xi \Delta_{\max}}{\Delta_i(k) + \xi \Delta_{\max}}, i = 1, 2, \cdots, m, \xi \text{ 为分辨系数,且 } \xi \in (0,$$

1),通常 $\xi = 0.5$ 。它是为了削弱最大绝对差值因过大而失真的影响,以提高关联系数之间的差异显著性而给定的系数。

利用第五步公式求得各因素的关联系数如表 6-8 所列,其中 $\xi = 0.5$ 。

表 6-7 X_0 对 X_i 的绝对差值表 $\Delta_i(k)$

	1	2	3	4	5
$\Delta 1$	0.8	3.3	0	3.05	8.9
$\Delta 2$	0.4	0.7	0	0.75	2.0
$\Delta 3$	0.1	1.0	0	0.85	2.8
$\Delta 4$	1.1	3.0	0	2.95	8.1

表 6-8 各因素的关联系数值表

	1	2	3	4	5
γ_1	0.8476	0.5741	1	0.5562	0.3333
γ_2	0.9175	0.8641	1	0.8557	0.6899
γ_3	0.9780	0.8165	1	0.8396	0.6138
γ_4	0.8018	0.5973	1	0.6013	0.3546

第六步:计算关联度。

由公式 $\gamma_k = \dfrac{1}{m}\sum_{i=1}^{m}\gamma_{0i}(k)$, $k = 1,2,\cdots,5$,求得关联度为(0.8860, 0.7251,1.0,0.7132,0.4979)。

第七步:对计算得到的各因素关联度进行归一化。

利用公式 $\gamma_j = \gamma_k/(\sum\gamma_k)$ 求出利用公式求得各因素所占权重为 (0.232,0.190,0.262,0.186,0.130)。

第八步:聘请五位主题专家对该作战武器模型五个因素进行可信度评判,评估结果为(0.80,0.85,0.98,0.82,0.84)。最后,综合计算,该作战武器模型的可信度为 0.865。由可信度结果可知,该作战武器模型具有较高的可信度。

灰色关联综合法有两个特点：一是该方法不考虑数据序列的平均距离，与数据序列在空间中的相对位置没有关系；二是要对评估的系统要有原始的数据序列，比较适合于综合评估中底层因素关联程度的确定。

第7章 作战仿真系统 VV&A 及可信度评估应用

7.1 概 述

"XX 作战仿真系统"旨在结合具体的作战想定对各级作战指挥人员和参谋人员进行训练,并将仿真结果进行分析、评估,为高层作战部门决策提供参考。系统具有规模庞大、结构复杂、参加建设单位多、建设周期长等特点,在国内没有太多的成功经验可以借鉴。为了确保该仿真系统满足可信性要求,在用户的要求下和总师办公室的倡导下,本书对该系统初期建设的全过程开展了 VV&A 及可信度评估工作。

"XX 作战仿真系统"是一个基于 HLA 的分布式仿真系统,它由模型部分和仿真系统平台部分组成。其中,模型部分包括作战模型、环境模型及作战毁伤模型,它们分别构成若干个联邦成员,而作战模型联邦成员由各军种作战模型组成,环境模型包括地理环境模型和气象水文环境模型等,各军种作战模型构成相应的作战集团;仿真系统平台部分包括运行支撑软件 RTI、想定、态势显示、控制与管理、资源管理、实时统计分析及评估分析等六个分系统。该作战仿真系统的联邦结构如图 7 – 1 所示。

由于组成该仿真联邦的成员比较多,构成联邦成员的模型也非常多,而且有些模型能够被不同的联邦成员使用,为了能够避免模型开发工作的重复性,节省仿真联邦开发的时间和费用,该系统采用了软件构件技术进行开发,即将仿真组件作为构建 HLA 联邦的基本组成单元,从而能够在更高层次上实现 HLA 的互操作性和可重用性。由仿真组件构建联邦成员,关键在于设计与规划。理论上,联邦成员开发不需要额外编写代码,仿真联邦运行后,仿真组件按照规划自动组装成联邦

成员。

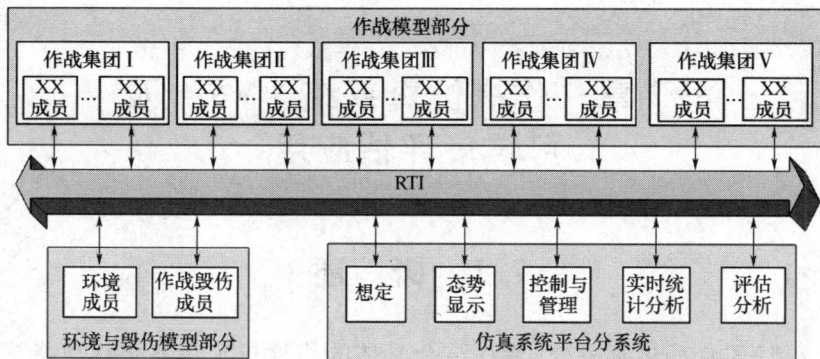

图 7-1　XX 作战仿真系统的联邦结构

　　第 2 章至第 6 章已经对作战仿真系统 VV&A 的总体、主要过程及可信度评估等问题进行深入研究,具备了一定的理论基础。本章将以"XX 作战仿真系统"的可信度评估为例,将本书的研究应用于该仿真系统的初期建设的 VV&A 活动和可信度评估工作中。

7.2　XX 作战仿真系统的 VV&A 总体设计

　　仿真组件技术的应用使得基于 HLA 的仿真系统设计与开发过程将有所改变,但它仍然兼容传统的联邦开发和执行过程 FEDEP(Federation Development and Execution Process)。根据基于仿真组件构建的 HLA 联邦的特点,提出一个更接近 HLA 联邦开发实际的 VV&A 过程,如图 7-2 所示。

　　将基于仿真组件的 HLA 联邦的 FEDEP 及其 VV&A 过程分为三个层面,由高到低依次定义为联邦层、联邦成员层和组件层。图 7-2 中正中间的方框为联邦 FEDEP,在开发过程中,联邦层可以充分重用联邦成员层,同样,联邦成员层也可以充分重用仿真组件层。如果需要开发一个多联邦系统,联邦层也可以被重用。图 7-2 中两边的方框分别为对应的 VV&A 活动及相应的文档信息。在实际的工作中,可以根据需要进行适当剪裁。

160

文档信息	V&V 过程	HLA 联邦设计、开发过程		VV&A 过程	文档信息
联邦需求校核报告	校核联邦需求	定义联邦需求	运行联邦、评估结果	确认联邦	联邦确认报告
联邦概念模型验证报告	验证联邦概念模型	开发联邦概念模型	集成和测试联邦	验证联邦	联邦验证报告
联邦设计校核报告	校核联邦设计	设计联邦	开发联邦	校核联邦实现	联邦实现校核报告
成员需求校核报告	校核成员需求	分析成员需求	集成和测试成员	验证成员	成员验证报告
成员概念模型验证	验证成员概念模型	开发成员概念模型	开发成员	校核成员实现	成员实现校核报告
成员设计校核报告	校核成员设计	设计成员			
组件需求校核报告	校核组件需求	分析组件需求	测试组件	验证组件	组件验证报告
组件概念模型验证	验证组件概念模型	组件概念模型设计	开发组件	校核组件实现	组件实现校核报告
组件设计校核报告	校核组件设计	设计组件			

左侧层次标注：联邦层、联邦成员层、仿真组件层

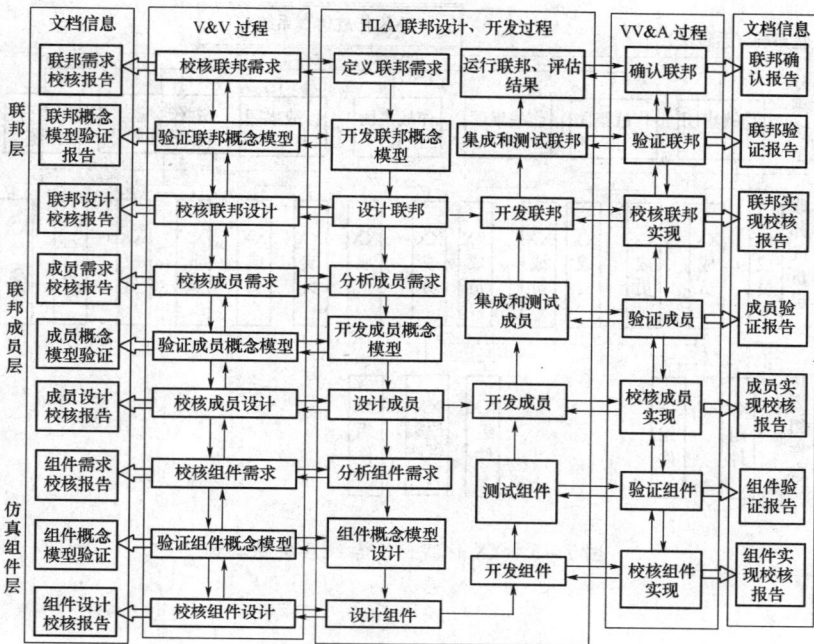

图 7-2 基于组件的 HLA 仿真系统的开发及其 VV&A 过程

　　为了确保该作战仿真系统的可信性,应该依次对仿真组件层、联邦成员层和联邦层三个层次开展 VV&A 工作。根据本书第 2 章提出的 VV&A 机制,联邦成员层和仿真组件层的 VV&A 工作由各个分系统建设单位的 VV&A 小组完成,VV&A 组只对他们的 VV&A 工作进行抽查和汇总。本书作者是 VV&A 组成员,主要参与 VV&A 组的工作。

　　由于该仿真系统规模庞大,开展 VV&A 工作的人员、时间及资金有限,重点对该系统建设的作战模型部分开展 VV&A 工作,平台各分系统的 VV&A 工作根据实际情况进行开展。下面主要介绍作战模型的 VV&A 工作,所有的工作围绕作战仿真系统层次结构树(图 7-3)展开。

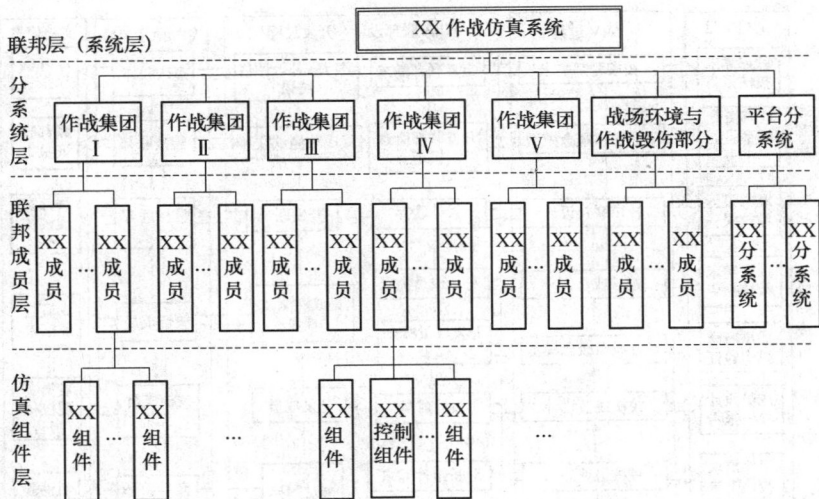

图 7 - 3   XX 作战仿真系统层次结构树

7.3 需求校核

针对"**XX 作战仿真系统**"的初期建设目标,重点对两种作战样式进行仿真研究。联邦的需求是否满足这两种作战样式的要求,需要进行重点检查。

需求校核的内容包括:

(1) 联邦的目标、背景及用途等;

(2) 联邦的需求是否合理地反映到各个分系统的需求中;

(3) 联邦的信息来源,包括开发单位及个人、需求分析报告、数据和 V&V 历史等;

(4) 从问题域、用户域及仿真域三个方面检查需求的正确性、完整性等质量指标,重点检查需求的一致性;

(5) 围绕军事需求评估指标对需求进行检查与评价,并评估需求的可信度。

7.3.1 执行需求校核

需求校核由 VV&A 小组、VV&A 组及主题专家三部分人员进行。其中 VV&A 小组负责本单位的需求校核工作，VV&A 组负责对整个联邦的需求校核工作，主题专家伴随"军事需求分析报告"的评审活动对联邦的需求进行评价。

该作战仿真系统的 VV&A 工作具有活动多、任务重、需要处理的数据量大、流程复杂以及部分工作具有重复性和保密性等特点，这些给 VV&A 人员在开展与管理 VV&A 活动方面带来了许多困难。为了提高 VV&A 工作管理自动化水平，课题组开发了一个 VV&A 自动化工具，以方便 VV&A 工作的开展。该工具主要有两个方面的功能：一方面，VV&A 人员可以对 VV&A 工作流程进行自动化管理，为主题专家等提供 VV&A 技术支持和资源补给，并将各方人员的 VV&A 与可信度评价结果进行回收汇总；另一方面，主题专家、确认代理等各方人员可以通过该自动化工具根据自身的权限在局域网上对仿真系统开展 VV&A 活动，并将 VV&A 结论和评价结果上报。

VV&A 自动化工具运行后，将显示作战仿真系统 VV&A 工作流程，如图 7-4 所示。

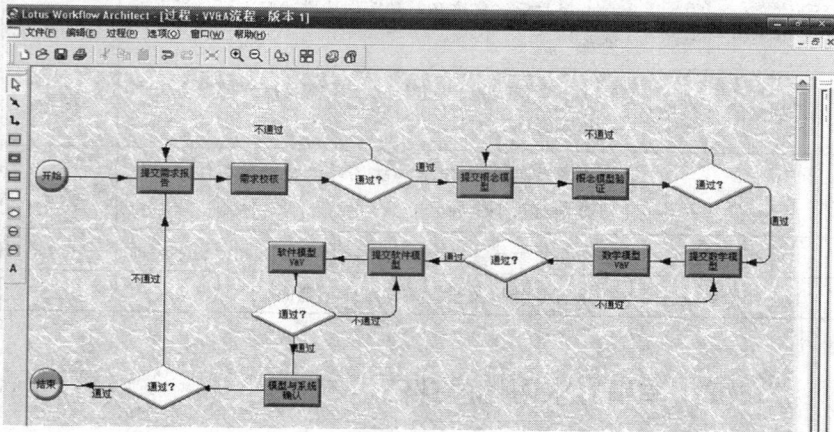

图 7-4 作战仿真系统 VV&A 工作流程界面

应用 VV&A 自动化工具,聘请若干名军事专家和仿真专家,按照需求校核的要求在局域网上对各个单位的需求分析报告进行了严格评审,并针对第 6 章给出的"军事需求分析评估指标",对该联邦的需求分析进行可信度评估,并将评估结果上传 VV&A 组。

VV&A 组重点对各作战模型的需求分析报告进行了全面校核,发现在作战任务分析、作战行动描述、作战实体划分、作战关系描述及对军事术语的规范性等方面需求分析比较好,而在军事背景描述、电磁与战场环境、指挥模型及对敌军作战描述等方面分析不够全面。总的来看,作战集团 I、作战集团 II、作战集团 IV、作战集团 V 及平台分系统等需求分析比较好,其他单位稍有欠缺。

表 7-1 给出了 VV&A 组对该联邦的部分需求校核结果。

表 7-1　XX 作战仿真联邦部分需求校核结果

校 核 项 目	存 在 问 题	校核结论
作战集团 I 模型	在战场环境模型及对敌军作战描述等方面分析不全面	优秀
作战集团 II 模型	在军事背景描述及对敌军作战描述等方面分析不全面	优秀
作战集团 III 模型	在电磁与战场环境、指挥模型及对敌军作战描述等方面分析不全面,需求一致性保持不好	良好
作战集团 IV 模型	在电磁与战场环境及对敌军作战描述等方面分析不够全面	优秀
作战集团 V 模型	在军事背景描述、电磁与战场环境及指挥模型等方面分析不全面	优秀
环境模型	在军事背景描述、电磁与战场环境及对敌军作战描述等方面分析不全面	良好
作战毁伤模型	在军事背景描述及电磁与战场环境等方面分析不全面	良好
平台分系统	军事背景分析及假设条件考虑不全面	优秀

7.3.2　军事需求可信度评估

由于该作战仿真系统的可信度评估具有评估阶段多、内容广、主题专家作用突出、数据种类多、数据量大等特点,如果单纯依靠 VV&A 人

员或评估人员手工计算,会带来很大的工作量,同时也很难保证评估结果的正确性和客观性。因此,本课题组在已有的可信度评估软件包的基础上进行改进,设计了一个功能完备的可信度综合评估工具,实现第 6 章所介绍的各种评估方法,从而使可信度评估工作高效化、自动化和规范化。

首先,将 VV&A 组的评估结果看成是一名专家的意见,与其他 8 位主题专家一起,计算各位专家的权重。本项目中,聘请的主题专家分别有两名资深专家(非常精通该领域)、两名正高职称专家(精通该领域)、两名副高职称专家(了解该领域)、两名中职职称人员(比较了解该领域),VV&A 组相当于一名副高职称专家(理论上 VV&A 组应该相当于一名正高职称专家,但为了使可信度结果更有说服力,此处将 VV&A 组当作一名副高职称专家看待)。按照第 6 章的专家权重计算方法,这些专家权重计算结果如表 7 - 2 所列。

表 7 - 2　主题专家的权重计算结果

专家小组成员	专家人数	专长等级系数 h	专家权重 ω_i
资深专家	2	4	0.15
正高职称专家	2	3	0.12
副高职称专家	3	2	0.10
中职职称人员	2	1	0.08

其次,VV&A 组收集主题专家的需求评估意见,进行综合处理。若主题专家给出定量的可信度值,则可以直接通过公式(7.1)求出。

$$C = \sum_{i=1}^{n} \omega_i C_i \qquad (7.1)$$

其中 ω_i 是各个主题专家的权重,C_i 是各个专家给出的可信度值,n 是专家数量。如果主题专家是定性评判,还需要将评判结果进行量化处理,量化取值如表 7 - 3 所列。参考主题专家的建议与意见,可以转化为定量的评估值,再利用公式(7.1)求取。由于作战仿真不同于一般仿真,可信度低于 0.6 的结果都是不可用的,故本书将可信度取值范围[0, 0.6)的评估等级定为差。

经过计算,可以求得各分系统军事需求的可信度如图 7 - 5 所示。

表 7 – 3 主题专家评估结果的量化取值

评估等级	优秀	良好	中等	差
可信度取值范围	$[0.9, 1]$	$[0.8, 0.9)$	$[0.6, 0.8)$	$[0, 0.6)$
评估描述语言	完全符合	符合	基本符合	不符合
	完全正确	正确	基本正确	不正确
	完全合理	合理	基本合理	不合理
	完全一致	一致	基本一致	不一致

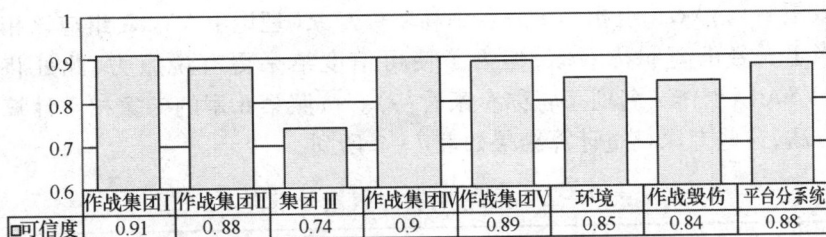

	作战集团I	作战集团II	集团III	作战集团IV	作战集团V	环境	作战毁伤	平台分系统
可信度	0.91	0.88	0.74	0.9	0.89	0.85	0.84	0.88

图 7 – 5 XX 作战仿真系统军事需求的可信度评估结果

最后,运用可信度综合评估工具对该联邦的需求分析进行可信度评估,根据主题专家的综合意见,将各个分系统的需求权重都定为一致,综合评定该联邦军事需求的可信为 0.858。

7.3.3 需求确认

由各军种的军事专家、作战部门人员和仿真专家等组成确认代理,对仿真系统的需求进行确认。一致认为该联邦的需求分析报告内容基本正确、完整、清晰,联邦需求具有一致性、无歧义性、可测试性、可理解性、可行性、可追踪性和较高的可信性,能够满足两种作战样式仿真的需求。

7.4 军事概念模型验证

根据本书第 4 章的分析,军事概念模型验证的具体任务应该包括以下几个方面:

(1) 检查联邦需求是否被正确地定义、分解和准确地转换成军事

概念模型；

（2）评价联邦的基本框架和体系结构；

（3）对军事概念模型设计文档进行评审；

（4）对军事概念模型的模型体系、作战过程描述、实体属性、假设条件、实体交互、模型粒度、作战规则及军事术语等方面分别进行检验；

（5）从语法、语义、语用和一致性四个角度对概念模型进行检查；

（6）对照军事概念模型的评价指标进行评估可信度。

7.4.1　执行军事概念模型验证

该作战仿真系统的军事概念模型验证工作分四个阶段进行：

首先，VV&A 小组对本单位的军事概念模型进行验证，形成军事概念模型验证报告，并将验证结果和报告递交 VV&A 组审核。

接着，聘请以各军兵种军事专家为主、仿真专家为辅的主题专家组对所有概念模型设计文档进行了严格评审和评价，并将评价结果上传 VV&A 组。

其次，VV&A 组抽查 VV&A 小组的工作，对典型的军事概念模型进行验证，结果反映该联邦的军事概念模型设计良好。

例如，运用概念模型验证工具软件 BOMFactory 验证 XX 导弹攻击交互概念模型的结果如图 7 - 6 所示。

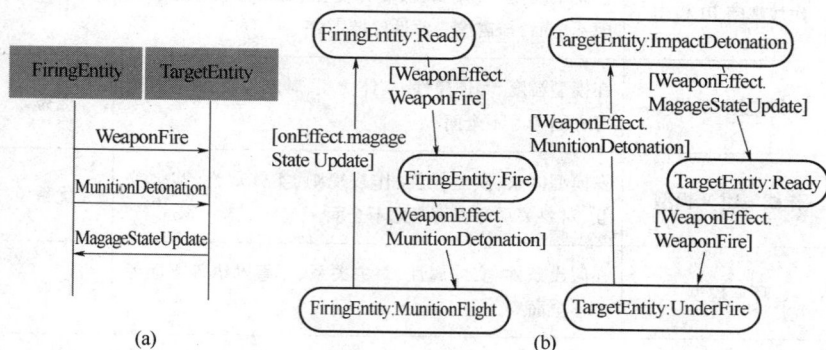

图 7 - 6　导弹攻击交互的概念模型
（a）模式描述；（b）状态机描述。

167

可以看出,XX 导弹攻击交互概念模型在用模式描述和状态机描述下是一致的。

因此,经过验证,证明 XX 导弹攻击交互概念模型是正确的。

最后,VV&A 组对整个联邦的军事概念模型进行评估,并将所有的概念模型的评价结果进行汇总。

通过汇总,发现在模型体系、作战过程描述、假设条件、模型粒度、作战规则及军事术语等方面设计比较好,而在实体属性、实体交互、对象关系等方面考虑不够全面。总的来看,作战集团 I、作战集团 II、作战集团 IV、作战集团 V 及环境模型等军事概念模型设计比较好,其他单位稍有欠缺。由于作战集团 III 的军事概念模型与军事需求分别由两个单位设计,在一致性方面存在一些问题。

表 7-4 定性给出了该联邦的军事概念模型验证结果。

表 7-4　XX 作战仿真系统军事概念模型验证结果

验证项目	存在问题	验证结论
作战集团 I 模型	在实体属性、实体交互、对象关系等方面考虑不全面	优秀
作战集团 II 模型	在模型粒度、实体属性、实体交互、对象关系等方面考虑不全面	优秀
作战集团 III 模型	在模型粒度、实体属性、实体交互、对象关系等方面考虑不全面,与需求一致性保持不好	中等
作战集团 IV 模型	在模型粒度、实体属性、实体交互、对象关系、作战规则等方面考虑不全面	优秀
作战集团 V 模型	在模型体系、模型粒度、作战规则、实体属性、实体交互、对象关系等方面考虑不全面	优秀
环境模型	在假设条件、实体属性、对象关系、军事术语等方面考虑不全面	良好
作战毁伤模型	在模型体系、假设条件、实体属性、实体交互、对象关系、军事术语等方面考虑不全面	良好

7.4.2　军事概念模型评估

VV&A 小组、主题专家及 VV&A 组针对第 6 章给出的"军事概念模型评估指标"对军事概念模型进行评价,评价时参考军事概念模型设计文档的评审结果、VV&A 小组及 VV&A 组的验证结果。该联邦各分系统的军事概念模型可信度评估结果如图 7 - 7 所示。经综合评定,该联邦的军事概念模型的可信度为 0.848。

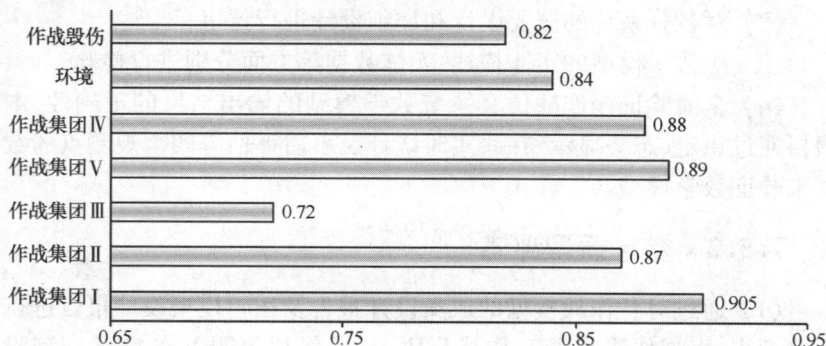

图 7 - 7　XX 作战仿真系统的军事概念模型的可信度结果

7.4.3　军事概念模型确认

由各军种的权威作战部门的专家和军事专家组成确认代理,对军事概念模型进行确认。一致认为该联邦的军事概念模型基本正确、设计符合规范,能够满足可信性要求,能够被确认。但作战集团 III 及作战毁伤的军事概念模型尚有欠缺,需要进行修改,否则会影响到整个联邦的可信度。特别是作战集团 III 的军事概念模型与军事需求存在一些不一致的地方,建议修改完善后再进行评估,以确保它具有更高的可信性。

7.5　数学模型校核与验证

7.5.1　执行数学模型校核与验证

该仿真系统的数学模型校核与验证(V&V)分两级进行,首先由各

分系统(子系统)的 VV&A 小组开展 V&V 工作,然后由 VV&A 组对各单位的数学模型开展 V&V 工作抽查,并将各作战模型的成员设计报告及逻辑模型设计报告、平台分系统的概要设计和详细设计评审当成是数学模型 V&V 的一部分内容。

数学模型 V&V 的具体任务包括:

(1)校核数学模型与军事概念模型的一致性,数学模型的清晰性、切题性等;

(2)对各分系统的概要设计和详细设计进行评审;

(3)对数学模型的实体描述、实体数据等方面分别进行检验;

(4)全面验证该作战仿真系统数学模型的输出结果的正确性,本项目通过想定、态势显示、在线实时统计及事后评估等四个观测点的数据来验证数学模型。

7.5.2 数学模型评估

(1)通过对各作战模型的成员设计报告及逻辑模型设计报告进行严格评审,发现作战集团 I、作战集团 IV 及作战集团 V 的数学模型设计好,评估为优秀;作战集团 II、环境模型及作战毁伤模型设计较好,评估为良好;作战集团 III 的数学模型设计相对比较差,评估为中等,主要表现在数学模型与军事概念模型存在不一致问题,但仍然能够满足系统仿真的基本要求。各作战模型的数学模型的评估结果如图 7 - 8 所示。

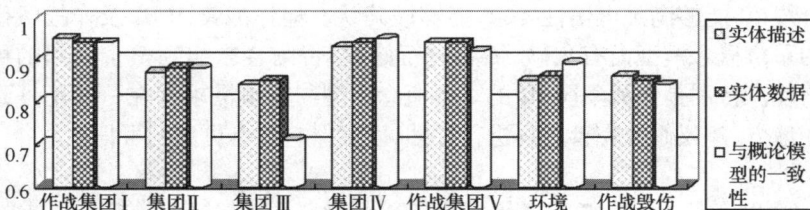

图 7 - 8　数学模型的设计评审结果

(2)通过对该联邦的平台分系统的概要设计和详细设计分别进行 V&V,发现各分系统存在接口的信息描述、逻辑流程的准确性、

数据项描述、分系统的功能需求描述等方面不足的问题,其他方面设计比较好。总体上,平台分系统的数学模型设计达到了良好以上水平。

（3）针对第 6 章给出的"数学模型评估指标",运用可信度综合评估工具对该联邦的数学模型进行可信度评估,评估结果如图 7 - 9 所示。经过综合评定,该联邦的数学模型的可信度为 0.842。

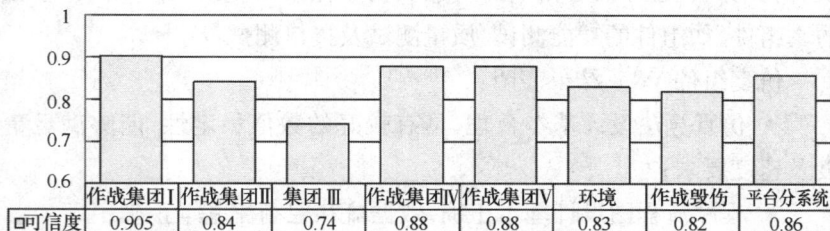

	作战集团Ⅰ	作战集团Ⅱ	集团Ⅲ	作战集团Ⅳ	作战集团Ⅴ	环境	作战毁伤	平台分系统
□可信度	0.905	0.84	0.74	0.88	0.88	0.83	0.82	0.86

图 7 - 9　数学模型的可信度评估结果

7.5.3　数学模型确认

由各军种作战部门、军事专家和仿真专家组成确认代理,对数学模型进行确认。一致认为该联邦的作战模型的成员设计及逻辑模型设计,以及平台分系统的概要设计和详细设计符合规范,数学模型基本正确、设计合理,模型的清晰性、切题性、集合性比较好,模型的精确程度比较高,能够被确认。但是,数学模型仍然存在一些问题,如作战集团Ⅱ模型粒度太粗、作战集团Ⅲ模型粒度太细、环境和作战毁伤模型的设计不全面,这些问题需要进一步解决。

7.6　软件模型校核与验证

从仿真软件单元(仿真组件)、仿真软件部件(如联邦成员、RTI 软件等)及仿真系统(仿真联邦)三个层面对该作战仿真系统的软件模型开展 V&V 工作。

7.6.1 仿真软件单元校核与验证

本项目的仿真软件单元就是指仿真组件,它的 V&V 工作分三个阶段进行。

(1)各个 VV&A 小组通过对本单位开发的仿真组件开展全面 V&V 工作,工作内容主要包括:①校核仿真组件设计,如组件需求转换、仿真算法、程序流程图、程序代码、初始化数据、接口设计等;②验证仿真组件,如组件的功能测试、质量测试及接口测试等。

仿真组件 V&V 结果表明:

- 仿真算法设计基本合理,具有较好的数值稳定性,能够满足精度及速度要求;
- 程序流程图设计基本正确,数据流和控制流基本正确;
- 程序编码比较清晰、符合规范,代码正确、一致性比较好;
- 仿真组件能够通过功能测试、质量测试及接口测试。

(2) VV&A 组对典型组件进行抽查,应用组件测试工具 ComTest 生成反向的测试成员对仿真组件进行测试,发现所有仿真组件功能、接口正确,能够满足设计要求。表 7 - 5 为 XX 舰船平台仿真组件的接口测试结果,表 7 - 6 为航空兵轰炸机沿预定路线飞行能力的测试结果。

表 7 - 5　XX 舰船平台仿真组件的接口测试结果

对象模型表	接口名称		测试方法	是否正确	是否通过测试
对象类	公布	missile	订购 missile 类; 检查 missile 的属性值是否更新; 公布 ship 类并注册实例。	正确	通过测试
	订购	Ship			
交互类	公布	attack	订购 control 类; 检查订购的参数是否正确; 公布 attack 类; 检查公布的参数是否正确	正确	通过测试

表 7 - 6　航空兵轰炸机飞行的功能测试结果

测试项目	想 定 数 据	正确性	性能数据	正确性	更新属性	正确性
航空兵轰炸机沿预定路线飞行能力	航空兵计划任务表,进入点 X	√	飞机性能表,机长	√	Position. X	√
	航空兵计划任务表,进入点 X	√	飞机性能表,机宽	√	Position. Y	√
	航空兵计划任务表,目标点 X	√	飞机性能表,机高	√	Position. Z	√
	航空兵计划任务表,目标点 Y	√			Velocity. Vx	√
	航空兵计划任务表,目标点 Z	√			Velocity. Vy	√
	航空兵计划任务表,退出点 X	√			Velocity. Vz	√
	航空兵计划任务表,退出点 Y	√			Acceleration. ax	√
	航空兵计划任务表,退出点 Z	√			Acceleration. ay	√
	航空兵计划任务表,巡航速度	√			Acceleration. az	√
	航空兵计划任务表,进入时间	√			DamageDegree	√
	战术信息列表,批次架数	√			ObjectID	√

（3）聘请多名仿真技术专家及软件测试专家对模型单位的各个仿真组件进行了严格评审,评审结果表明各个仿真组件的软件模型设计合理、编码符合规范、一致性比较完好,并针对第 6 章给出的"软件模型评估指标"进行静态检查,检查结果如表7 - 7所列。

表 7 - 7　XX 作战仿真系统作战模型的仿真组件的评审结果

检查项目	存 在 问 题	检查结论
作战集团 I 模型的仿真组件	在算法合理性、变量的使用合理性、接口参数使用的规范性等方面考虑不全面	优秀
作战集团 II 模型的仿真组件	在代码可读性、数据错误处理的合理性、接口参数使用的合理性等方面考虑不周到	优秀
作战集团 III 模型的仿真组件	在算法合理性、代码可读性、数据错误处理的合理性、接口参数使用的合理性、数据结构的合理性、与数学模型的一致性等方面考虑不全面	中等
作战集团 IV 模型的仿真组件	在代码规范性、变量的使用合理性、数据错误处理的合理性等方面考虑欠妥	优秀

检查项目	存 在 问 题	检查结论
作战集团 V 模型的仿真组件	在代码可读性、数据结构的合理性、数据错误处理的合理性等方面考虑不全面	优秀
环境模型的仿真组件	在算法合理性、代码规范性、接口参数使用的合理性、数据结构的合理性等方面考虑不全面	优秀
作战毁伤模型的仿真组件	在算法合理性、代码可读性、数据错误处理的合理性、接口的一致性等方面考虑不全面	良好

7.6.2 仿真软件部件校核与验证

该仿真系统中,仿真软件部件主要指模型部分的联邦成员及各个平台分系统。本书以联邦成员和 RTI 软件为例来说明仿真软件部件 V&V。

1. 联邦成员 V&V

联邦成员的 V&V 工作分两个阶段进行,首先由各个联邦成员开发单位的 VV&A 小组开展 V&V 工作,然后由 VV&A 组对各个联邦成员进行 V&V,通过后才能参加仿真系统联调。

对于该 HLA 仿真系统,联邦成员是根据成员规划信息在系统运行时由仿真组件动态生成,不需要编写代码,故联邦成员层的开发工作主要在于设计和实现。相应地,它的 V&V 工作主要在于以下方面:

（1）校核联邦成员的规划与设计。首先要检查联邦成员的设计的合理性,即检查联邦成员的概念需求是否正确地分配给各个联邦成员中的每个仿真组件;其次检查联邦成员配置信息是否正确,即检查配置信息描述的构建联邦成员的仿真模型组件之间的数据公布和订购关系是否完备。

（2）验证联邦成员。在验证联邦成员之前,要将所有组装的仿真组件进行互操作性和时空一致性测试;然后分别测试所有的联邦成员,检查其是否正确实现了设计功能和联邦操作协议所规定的要求。

应用联邦成员校核工具（KD – FVT）进行检查,发现各个联邦成员

规划、设计合理,功能分配正确;应用联邦成员测试工具(KD'-FCT)进行测试,发现所有的联邦成员互操作性良好,都能满足功能要求,表7-8为防空导弹联邦成员的一致性测试结果。

表 7-8　防空导弹联邦成员的一致性测试结果

测 试 项 目	想定次数/实际次数	数据和内容的正确性	是否通过测试
注册对象	10/10	正确	通过
修改属性初始值	20/20	正确	通过
更新属性	1000/1000	基本正确	基本通过
反射属性	500/500	正确	通过
发送交互	100/100	正确	通过
接收交互	100/100	正确	通过
仿真时间推进	5000/5000	基本正确	基本通过
测试结论	正确执行一致性测试想定,防空导弹联邦成员符合一致性要求		

2. RTI 测试

运行时间支撑系统(Run-time Infrastructure,RTI)软件是 HLA 仿真系统进行分层管理控制、实现分布仿真可扩充性的支撑基础软件。为了保证 RTI 符合 HLA 接口规范,满足 HLA 仿真系统应用需求,本书采用黑盒测试方法,对 RTI 软件进行了一系列功能与性能方面的测试。通过功能测试,可以检查软件是否符合接口规范,即保证软件的正确性;通过性能测试,可以检查软件能否满足一定程度的仿真需求,即保证软件的效率。下面将对国防科学技术大学军用仿真研究室自主开发的 KD-RTI 软件分别进行功能和性能方面的测试。

1) 功能测试

功能测试要求按照联邦成员接口调用顺序,分别进行单类服务以及各类服务之间的交叉测试,检查 RTI 是否符合 HLA 规范的规定。RTI 的功能测试指标主要是 RTI 的六大类管理服务以及其他支持服务,共计 130 个接口服务。其中,六大类服务分别是联邦管理、时间管理、数据分发管理、对象管理、所有权管理和声明管理。

测试 RTI 的功能时,需要设计一个简单的联邦对象模型(FOM)。

该测试 FOM 中一定要有对象类和交互类的继承或层次关系,用来测试公布/订购类、注册/发现对象实例、更新/反射属性、发送/接收交互能否在父子类之间正确实现。另外还需要设计一个应用到 RTI 所有服务的联邦成员,该测试成员的模型不必很复杂,但应能覆盖 RTI 提供的所有接口函数,并能灵活设置调用函数时的不同条件,其目的是用来测试 RTI 能否根据接口规范完成所有服务以及服务的正确性和对异常的处理能力等。表 7-9 为 KD-RTI 软件的各种服务功能测试结果。结果表明 KD-RTI 软件的所有服务功能都满足要求。

表 7-9   KD-RTI 服务功能测试结果

服 务	主 要 功 能	正确性	出错及原因
联邦管理	联邦执行的创建/撤销,联邦成员加入/退出及联邦的保存/恢复	正确	无出错
数据分发管理	区域的创建、修改、删除;订购对象类(交互类);取消订购对象类(交互类)	正确	无出错
时间管理	设置(取消)联邦成员的时间管理策略;时间推进;设置(取消)异步传输;辅助服务	正确	无出错
对象管理	注册/发现对象实例、更新/发射属性值、发送/接收交互实例;删除/移去对象实例;改变属性和交互类的传输类型;传递 RTI 控制信息;请求/提供属性值更新	基本正确	RTI∷RTIinternalError 出现 RTI 内部错误
所有权管理	实现所有权转移的"推模式";实现所有权转移的"拉模式";协助所有权的转移和接收	基本正确	RTI∷AttributeNotDefined 属性句柄非法
声明管理	公布/取消公布对象类和交互类;订购/取消订购对象类和交互类;回调函数	正确	无出错
支持服务	查询联邦执行中的有关参数值;设置 RTI 内部的一些开关	正确	无出错

2)性能测试

性能测试是指在一定的测试配置条件下,在基本的网络测试的基

础上,对各种性能指标进行重复测试。RTI 的主要性能指标有:属性吞吐量、属性延迟、消息丢失率(又称丢包率)、交互延迟、时间推进允许速率、tick( )速率、注册速率和属性所有权转换延迟。

(1)测试方法。每次测试的输出结果都是统计运算后的平均值,统计次数可针对不同项目在测试时进行设置,通常在 1000 ~ 10000 之间。考虑到网络性能等其他因素的影响,还必须在多次测试的基础上取平均值进行分析,具体次数视测试结果数据的稳定性而定。

(2)测试环境配置。KD – RTI 软件测试的环境配置如表 7 – 10 所列。

表 7 – 10　KD – RTI 性能测试环境配置

环境项目	配　置	环境项目	配　置
硬件平台	AMD – 1000、512M 内存、100M 网卡	开发语言	Visual C + +6.0
操作系统	WindowsXP	运行支撑软件	KD – RTI
网络协议	TCP/IP	对象模型模板	KD – OMDT

另外,需要三台以上机器,一台机器运行 RTI 服务器,其他几台机器分别运行发送成员或接收成员。

(3)部分性能测试结果。

① 属性吞吐量。属性吞吐量又称最大数据传输率,成员在零消息丢失率的情况下交换属性更新的最大速率。属性吞吐量 = 统计次数/(最后一次属性更新请求返回时的时间 – 第一次属性更新请求之前的时间)。属性吞吐量分为更新属性吞吐量和反射属性吞吐量两种。更新属性吞吐量 = UAV 调用的数目/执行 UAV 调用的总时间;反射属性吞吐量 = 反射的数目/反射所有属性的用时。

KD – RTI 在可靠传输模式下、不带 DDM(Data Distribution Management)、不设置时间间隔的属性吞吐量测试结果如表 7 – 11 所列,结果表明 KD – RTI 具有较大的吞吐量。表 7 – 11 首列数据为更新属性吞吐量 UAV,次列数据为反射属性吞吐量 UAV。

表 7 – 11 不带 DDM,不同传输方式下的属性吞吐量测试结果

传输方式		字节数	调用总时间		属性吞吐量		每秒调用的个数	
不带 DDM	可靠传输	4	0.000110	0.001478	3.467	0.258	909090	67658
		128	0.000161	0.001546	75.820	7.895	621118	64683
		256	0.000125	0.001563	195.312	15.620	800000	63979
		1024	0.000080	0.001939	1220.703	50.364	1250000	51572
		2048	0.000165	0.002593	1183.712	75.322	606060	38565
	最速传输	4	0.000116	0.001491	3.288	0.255	862068	67069
		128	0.000118	0.001587	103.449	7.691	847457	63011
		256	0.000121	0.001647	201.769	14.823	826446	60716
		1024	0.000264	0.021348	369.910	4.574	378787	4684
		2048	0.000370	0.024845	527.871	7.861	270270	4024

属性更新吞吐量测试结果如图 7 – 10 所示。结果表明:

• 随着属性值集长度的增加,吞吐量降低;

• 带 DDM 时属性吞吐量比不带 DDM 时稍低;

• 在最速传输模式下,由于需要设置 UAV 时间间隔,属性值集长度较大时其吞吐量反而比可靠模式下低。

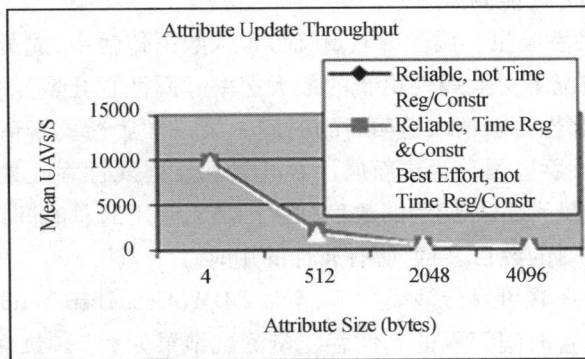

图 7 – 10 属性更新的吞吐量

② 属性延迟。属性延迟是指发送成员调用 UAV 服务之前到接收成员执行相应的 RAV 回调之后所用的时间。表 7 – 12 为各种传输模式下,KD – RTI 的属性延迟测试结果。图 7 – 11 是一个对象时的属性延迟测试结果。从表 7 – 12 和图 7 – 11 中可以看出,KD – RTI 的时延较小。

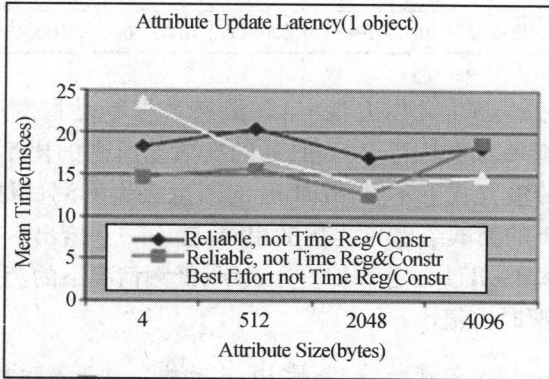

图 7 – 11 一个对象时的属性延迟

表 7 – 12 各种传输模式下的属性延迟测试结果

传输方式	字节数	12	128	256	1024	2048
不带 DDM	可靠传输	0.000444	0.000534	0.000603	0.000661	0.000642
	最速传输	0.000246	0.000265	0.000260	0.000363	0.000542
带 DDM	可靠传输	0.000334	0.000443	0.000401	0.000549	0.000632
	最速传输	0.000252	0.000310	0.000272	0.000389	0.000517

③ 交互延迟。交互延迟是指发送成员调用发送交互之前到接收成员执行接收交互之后所用的时间。表 7 – 13 为不同传输方式下的交互延迟测试结果,结果表明:KD – RTI 的交互延迟在 0.29ms ~ 0.73ms 之间,延迟比较少。

表7-13 在不同传输方式下的交互延迟的测试结果

传输方式	字节数	12	128	256	1024	2048
不带 DDM	可靠	0.000462	0.000506	0.000592	0.000613	0.000707
	最速	0.000371	0.000291	0.000271	0.000396	0.000562
带 DDM	可靠	0.000458	0.000495	0.000537	0.000608	0.000727
	最速	0.000294	0.000319	0.000300	0.000454	0.000620

④ 消息丢失率(又称丢包率)。消息丢失率是指发送成员调用 UAV 服务与接收成员执行 RAV 服务的次数差所占的比率。表7-14 给出了最速传输方式下不带 DDM 时的消息丢失率测试结果,其他三种传输模式下的测试结果与此几乎相同,就不一一给出。丢包率的测试结果表明 KD-RTI 在各种传输方式下,低频情况下的消息丢失率均为 0,高频情况时也很小。

表7-14 最速传输、不带 DDM 时的丢包率测试结果

频率/Hz	丢包率(百分数)/字节数				
	4	128	256	1024	2048
10	0	0	0	0	0
50	0	0	0	0	0
100	0	0	0	0	0
500	0	0	0	0	0
1000	0	0	0	0.02%	0.04%
10000	0	0.02%	0.03%	0.05%	0.07%

⑤ 属性所有权转换延迟。所有权转换延迟是指联邦成员请求属性所有权采集/转换之前到该成员收到属性所有权采集/转换通知之后所用的时间。表7-15 为推拉两种模式情况下,KD-RTI 的属性所有权转换延迟的测试结果。测试的结果表明:KD-RTI 推模式下属性所有权转换延迟最大为 0.633ms、最小为 0.319ms;拉模式下属性所有权转换延迟最大为 1.111ms、最小为 0.899ms。

表 7 – 15   在两种模式下的属性所有权转换延迟的测试结果

模式 \ 属性	1	2	3	4	5
推模式	0.000319	0.000424	0.000542	0.000589	0.000633
	0.000334	0.000450	0.000523	0.000573	0.000580
	0.000320	0.000461	0.000513	0.000520	0.000601
拉模式	0.008998	0.009190	0.009960	0.010098	0.010998
	0.008994	0.009091	0.009986	0.010103	0.011003
	0.008996	0.009047	0.009873	0.010103	0.011103

还对 KD – RTI 的其他性能指标进行了测试,通过综合分析各项测试结果,发现 KD – RTI 具有数据交换速率高、低丢包率、低时延的优点,能够满足该作战仿真系统的实时仿真要求。

7.6.3   仿真系统校核与验证

针对该作战仿真系统,仿真系统 V&V 就是对该仿真联邦进行V&V。仿真系统 V&V 工作主要由 VV&A 组负责组织开展,具体包括以下内容:

(1)校核硬件安装、操作、网络接口和集成输入数据;

(2)校核联邦的规划与设计,即检查联邦的概念需求是否正确分配给各个联邦成员,并且在联邦成员以及联邦中有效地表示;

(3)以从顶层到底层的方式监控联邦设计的完备性和一致性,包括联邦数据交换、数据质量以及数据的合理使用;

(4)将联邦作为一个整体,测试联邦成员的兼容性和互操作性,检验各个联邦成员与 RTI 之间的交换数据的能力;

(5)参考联邦的测试文档,测试联邦的互操作能力,验证联邦的安全性能力;

(6)以典型的作战想定(本项目预设了两个作战想定)为例,对仿真系统进行功能和性能测试;

（7）根据所得测试结果，对仿真联邦进行可信度评估。

应用联邦校核工具（KD – FVT）进行检查，发现该联邦设计合理，功能分配正确；应用联邦测试工具（KD – FCT）、数据收集工具（KD – DCT）、联邦管理工具（KD – FMT）等，通过两个作战想定对联邦进行测试，发现该联邦能够满足功能和性能要求，但由于模型数据不完整，导致仿真的逼真度略有缺欠，影响到仿真系统的可信性。

下面仅以 XX 导弹成员的突防和攻击能力验证为典型应用，验证该仿真系统的能力。

为了准确验证红方 XX 导弹的突防和攻击能力，使用蒙特卡洛法对红方 XX 导弹的仿真模型设置相应的随机数据，进行多次仿真实验。分别仿真在蓝方拦截导弹的发射枚数和突防方向等不同条件下，红方 XX 导弹的突防能力，以及红方 XX 导弹对蓝方 XX 舰队进行攻击的能力。根据公式对大量的实验结果数据进行统计后，可以得到红方 XX 导弹的突防能力如图 7 – 12 所示和攻击能力如图 7 – 13 所示。

$$P = \sum_{i=1}^{N} k_i \bigg/ \sum_{i=1}^{N} n_i \qquad (7.2)$$

其中，P 表示导弹突防或攻击能力，N 表示仿真运行总次数，k_i 表示第 i 次导弹命中枚数，n_i 表示第 i 次导弹发射枚数。

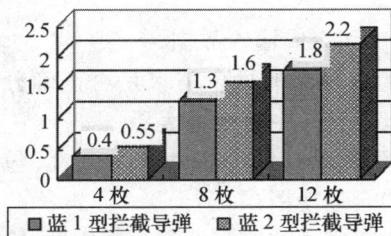

图 7 – 12 红方 XX 导弹的突防
能力验证结果

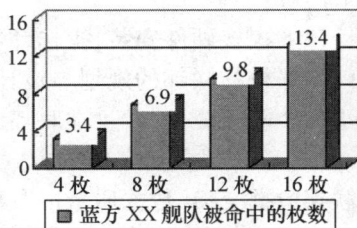

图 7 – 13 红方 XX 导弹的攻击
能力验证结果

针对第 2 章给出的"软件模型评估指标"，综合各个阶段软件模型的 V&V 结果，该联邦各个分系统的软件模型可信度评估结果如图 7 – 14 所示。

经过综合评定,该联邦的软件模型的可信度为 0.838。用户和确认代理一致认为该联邦的软件模型设计符合规范,仿真结果基本正确,仿真系统具有较高的实时性能,能够满足可信度要求。

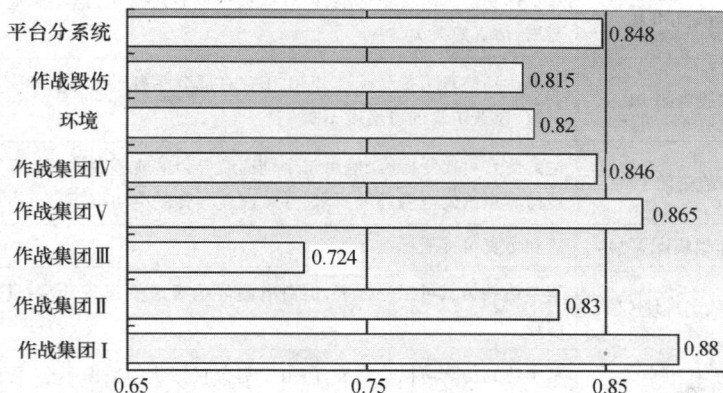

图 7 - 14　软件模型的可信度评估结果

7.7　仿真系统确认

综合各项评估结果,发现该作战仿真系统的各项设计文档比较完备,模型和数据的正确性、恰当性符合要求,但由于本项目全部采用标准数据,数据生产者 VV&C 工作没有开展,只进行了部分数据用户 VV&C 工作,因此数据完整性还存在一些问题,导致模型的逼真度略有缺欠。

经过 9 名专家对仿真各个阶段的权重进行评判,根据第 6 章介绍的权重确定方法,通过计算得到联邦需求分析、军事概念模型、数学模型及软件模型所占权重依次为 0.2、0.4、0.2、0.2。将前面各个 VV&A 阶段的可信度及相应权重代入公式,可得该仿真系统的可信度约为 0.845。

由多名国内作战仿真专家对该仿真系统进行了确认评估,评估意见及建议如表 7 - 16 所列。

表 7 – 16　XX 作战仿真系统部分确认意见及建议

确认评估项目	评估意见及建议
作战集团 I	完全达到仿真可接受标准
作战集团 II	基本达到仿真可接受标准,但有些模型的粒度太粗,达不到逼真度要求,仿真效果欠佳
作战集团 III	基本达到仿真可接受标准,但由于存在部分军事概念与数学模型不一致,导致仿真的可信度不高
作战集团 IV	达到仿真可接受标准,但由于个别巡航导弹的轨迹数据不太适用于该仿真系统的电磁环境要求,导致巡航导弹的突防率不高
作战集团 V	达到仿真可接受标准
战场环境	基本达到仿真可接受标准,但对电磁环境考虑不完备,需要进一步加强
作战毁伤	基本达到仿真可接受标准,但由于部分目标物的数据不全,导致作战毁伤的三维显示不逼真
平台各分系统	基本达到仿真可接受标准,但在态势显示、联邦控制与管理、评估分析等方面需要改进
仿真支撑软件 RTI	完全达到仿真可接受标准
两个典型的作战样式仿真	达到仿真需求的可接受标准,但在仿真的态势显示、仿真结果评估方面还需要完善
文档	设计文档及 VV&A 文档齐备,满足系统建设要求,为系统的后期建设及将来的重用打下了良好的基础

　　经综合评定,各位专家一致认为:该作战仿真系统的建设过程符合规范,能够严格按照仿真系统开发的要求进行设计、开发;系统的设计、开发文档完备性较好,而且每一个文档都经过专家评审;对整个系统建设全过程都展开了 VV&A 工作,确保了系统的可信性。"XX 作战仿真系统"是可用的和可信的,能够被确认。VV&A 工作有力地促进了该仿真系统的初期建设,在一定程度上提高了系统的可信度,并为该系统的后续建设打下了坚实的基础。

参 考 文 献

[1] 龚建兴. 基于 BOM 的可扩展仿真系统框架研究[D]. 长沙:国防科学技术大学研究生院,2007.

[2] 王维平,朱一凡,华雪倩,等. 传真模型有效性确认与验证[M]. 长沙:国防科技大学出版社,1998.

[3] 黄柯棣,张金槐,李剑川,等. 系统仿真技术[M]. 长沙:国防科学技术大学出版社, 1998.

[4] 胡晓峰,罗批,司光亚,等. 战争复杂系统建模与仿真[M]. 北京:国防大学出版社, 2005.

[5] (美)Law, A. M, Kelton, W. D. 仿真建模与分析:第 3 版[M]. 北京:清华大学出版社, 2000.

[6] 查亚兵. 导弹系统仿真可信性研究[D]. 长沙:国防科学技术大学研究生院, 1995.

[7] IEEE 1278.4. IEEE Trial – Use Recommended Practice for Distributed Interactive Simulation Verification, Validation, and Accreditation[S], 1997.

[8] Defense Modeling and Simulation Office (DMSO). Verification, Validation and Accreditation Recommended Practice Guides[EB], 2006.

[9] Department of Defense (DoD). Department of Defense Instruction 5000. 61：Modeling and Simulation (M&S) Verification, Validation, and Accreditation[S], 1996.

[10] Defense Modeling and Simulation Office (DMSO). Verification, Validation and Accreditation Recommended Practice Guides [EB], 2000.

[11] 徐学文. 美国校核、验证与确认实践指南[M]. 北京:海潮出版社,2001.

[12] 胡晓峰,杨镜宇,司光亚,等. 战争复杂系统仿真分析与实验[M]. 北京:国防大学出版社, 2008.

[13] 毕义明,刘良,刘伟,等. 军事建模与仿真[M]. 北京:国防工业出版社,2009.

[14] 徐学文,王寿云. 现代作战模拟[M]. 北京:科学出版社,2001

[15] 马亚平. 作战模拟系统[M]. 北京:国防大学出版社,2005.

[16] 胡晓峰. 作战模拟术语导读[M]. 北京:国防大学出版社,2004.

[17] 康凤举,杨惠珍,高立娥,等. 现代仿真技术与应用[M]. 北京:国防工业出版社,2006.

[18] 齐欢,王小平. 系统建模与仿真[M]. 北京:清华大学出版社,2004.

[19] 郭齐胜,杨秀月,王杏林,等. 系统建模[M]. 北京:国防工业出版社,2006.

[20] 何江华,郭果敢. 计算机仿真与军事应用[M]. 北京:国防工业出版社, 2006.

[21] IEEE. IEEE Standard for Modeling and Simulation (M&S) High Level Architecture (HLA)—Federate Interface Specification[S]. IEEE Std 1516.1, 2000.

[22] Defense Modeling and Simulation Office (DMSO). High Level Architecture Federation Development and Execution Process (FEDEP) [S]. Model Version 1.4,1999.

[23] IEEE. IEEE Draft Recommended Practice for High Level Architecture (HLA) — Federation Development and Execution Process (FEDEP) [S]. IEEE P1516.3?, 2003.

[24] 邱晓刚. 复杂大系统面向对象仿真的理论与方法研究[D]. 长沙:国防科学技术大学研究生院, 1998.

[25] 黄健. HLA 仿真系统软件支撑框架及其关键技术研究[D]. 长沙:国防科学技术大学研究生院, 2000.

[26] 冯润明. 基于高层体系结构(HLA)的系统建模与仿真研究[D]. 长沙:国防科学技术大学研究生院, 2002.

[27] 郝建国. 高层体系结构(HLA)中的多联邦互连技术研究与实现[D]. 长沙:国防科学技术大学研究生院, 2003.

[28] 王寿云,于景元,戴汝为,等. 开放的复杂巨系统[M]. 杭州:浙江科学技术出版社, 1996.

[29] 戴汝为. 从定性到定量的综合集成(Metasynthesis)——开放的复杂巨系统的方法论[M]. 北京:清华大学出版社, 1996.

[30] 刘兴堂,梁炳成,刘力,等. 复杂系统建模理论、方法与技术[M]. 北京:科学出版社, 2008.

[31] 陈森发. 复杂系统建模理论与方法[M]. 南京:东南大学出版社, 2006.

[32] 毛媛. 复杂系统建模及其仿真平台技术研究[D]. 北京:北京航空航天大学研究生院, 2001.

[33] 周彦,戴剑伟. HLA 仿真程序设计[M]. 北京:电子工业出版社, 2002.

[34] Osman Balci, William F. Ormsby. Expanding Our Horizons in Verification, Validation and Accreditation Research and Practice[C]. Proceedings of the 2002 Winter Simulation Conference, San Diego, California, 2002:653 −663.

[35] Osman Balci. Planning For Verification, Validation and Accreditation of Modeling and Simulation Application[C]. Proceedings of the 2000 Winter Simulation Conference, Orlando, Florida, 2000:165 −172.

[36] Jean Graffagnini, Simone Youngblood, Robert Lewis. A VV&A Process of the HLA FEDEP [C], Proceedings of the 1999 Summer Computer Simulation Conference, Chicago, Illinois, 1999:65 −73.

[37] Robert Freigassner. A Systems Approach to a Verification and Validation Methodology within the FEDE PSix − Step − Process[C]. Proceedings of the 2001 Europe SIW, Valencia, Spain, 2001:71 −78.

[38] Dale K. Pace. Impact of Federate Conceptual Model Quality and Documentation on Assessing HLA Federation Validity[C]. Proceedings of the 2001 Europe SIW, Valencia, Spain, 2001: 271 –279.

[39] Osman Balci. Quality Assessment, Verification, and Validation of Modeling and Simulation Applications[C]. Proceedings of the 2004 Winter Simulation Conference, Washington, D. C. , 2004:122 –129.

[40] Robert G. Sargent. Verification and validation of simulation models[C]. Proceedings of the 2008 Winter Simulation Conference, Miami, Florida, 2008:157 –169.

[41] Virginia T. Dobey, Robert O. Lewis. Verification, Validation, and Accreditation (VV&A) Process Overlay for the FEDEP [C]. Proceedings of the 2003 Spring SIW, Boston, 2003:241 –246.

[42] Jennifer Chew, Cindy Sullivan. Verification, Validation and Accreditation in the Life Cycle of Models and Simulations[C]. Proceedings of the 2000 Winter Simulation Conference, Washington, D. C. , 2000:41 –47.

[43] Simone Youngblood, Bob Senko. Acceptability Criteria: How to Define Measures and Criteria for Accrediting Simulations [C]. Proceedings of the 2002 Fall SIW, Orlando, FL, 2002:171 –176.

[44] Boots Barnes. Managing a Verification and Validation Program-The Government Perspective [C]. Proceedings of Foundations 02, Vancouver, BC, Canada, 2002:121 –127.

[45] Ola Ghazi Batarseh, Yan Wang. Reliable simulation with input uncertainties using an interval-based approach[C]. Proceedings of the 2008 Winter Simulation Conference, Miami, Florida, 2008:344 –352.

[46] James T. Sawyer, David M. Brann. How to build better models: Applying agile techniques to simulation[C]. Proceedings of the 2008 Winter Simulation Conference, Miami, Florida, 2008:655 –662.

[47] Karen Hovsepian, Peter Anselmo. A modeling –based classification algorithm validated with simulated data[C]. Proceedings of the 2008 Winter Simulation Conference, Miami, Florida, 2008, PP768 –776.

[48] Patrick W. Goalwin. A Detailed Look at Verification, Validation, and Accreditation (VV&A) Automated Support Tools[C]. Proceedings of the 2001 SIW, Atlanta, 2001:91 –96.

[49] Martin S. Feather. Infusing and Selecting V&V Activities[C]. Foundations '02 V&V Workshop, Vancouver, BC, Canada, 2002:271 –276.

[50] Bernard P. Zeigler. Implications of M&S Foundations for the V&V of Large Scale Complex Simulation Models[C]. Foundations for V&V in the 21st Century Workshop, New York, 2002:81 –88.

[51] Robert Freigassner, Herbert Praehofer. A Systems Approach to a Verification and Validation

Methodology within the FEDE PSix – Step – Process [C]. Proceedings of the 2001 Europe SIW, Valencia, Spain, 2001:51 –56.

[52] Jörg Desel. Formalization and Validation—An Iterative Process in Model Synthesis [C]. Foundations for V&V in the 21st Century Workshop, Vancouver, BC, Canada, 2002:54 – 61.

[53] Patrick W. Goalwin. A Detailed Look at Verification, Validation, and Accreditation (VV&A) Automated Support Tools [C]. Proceedings of the 2001 Europe SIW, Valencia, Spain, 2001:81 – 86.

[54] Randy Saunders. Approaches to Verification and Validation on Millennium Challenge 2002 [C]. Proceedings of the 2002 SIW, Atlanta, 2002:171 – 176.

[55] Osman Balci, William F. Ormsby. Network – Centric Military System Architecture Assessment Methodology [C]. International Journal of System of Engineering 1, New York, 2008: 71 – 77.

[56] 张伟. 仿真可信度研究[D]. 北京:北京航空航天大学研究生院, 2002.

[57] 唐见兵,黄晓慧,焦鹏,等. 复杂大系统仿真的 VV&A 理论及过程研究[J]. 国防科学技术大学学报, 2009, 31(3):122 – 126.

[58] 唐见兵,焦鹏,黄晓慧,等. 基于基本对象模型的 HLA 仿真系统 VV&A 过程探究[J]. 系统仿真学报, 2009, 21(12): 3495 –3498.

[59] 何晓晔. 任务空间概念建模技术及其 VV&A 研究[D]. 长沙:国防科学技术大学研究生院, 2005.

[60] 张琦. 使命空间功能描述理论和方法研究[D]. 长沙:国防科学技术大学研究生院, 2005.

[61] 胡定磊. C4ISR 系统使命空间概念模型描述方法研究[D]. 长沙:国防科学技术大学研究生院, 2001.

[62] 李鹏波. 仿真可信性及其在导弹系统一体化研究中的应用[D]. 长沙:国防科学技术大学研究生院, 1999.

[63] 唐见兵,焦鹏,查亚兵,等. 基于 BOM 的 HLA 仿真系统可信性研究[J]. 国防科学技术大学学报, 2008,30(5):131 – 134.

[64] 郑扬飞. 分布交互仿真测试评估工具系统研究[D]. 哈尔滨:哈尔滨工业大学研究生院, 2003.

[65] 强波. 联邦开发与运行过程(FEDEP)的 VV&A 管理工具设计与实现[D]. 长沙:国防科学技术大学研究生院, 2004.

[66] 廖瑛,邓方林,梁加红,等. 系统建模与仿真的校核、验证与确认(VV&A)[M]. 长沙:国防科学技术大学出版社, 2006.

[67] 军用仿真术语标准研究课题组. 军用建模与仿真通用术语汇编[S]. 北京:国防工业出版社, 2004.

[68] 凌云翔,马满好,袁卫卫,等. 作战模型与模拟[M]. 长沙:国防科学技术大学出版

社,2006.

[69] 许国志. 系统科学[M]. 上海:上海科技教育出版社,2000.

[70] 白思俊. 系统工程[M]. 北京:电子工业出版社,2006.

[71] 涂序彦,王枞,郭燕慧. 大系统控制论[M]. 北京:北京邮电大学出版社,2005.

[72] 戴汝为. 社会智能科学[M]. 上海:上海交通大学出版社,2007.

[73] 杜湘瑜. 基于综合集成的虚拟样机测试与评估理论和方法研究[D]. 长沙:国防科学技术大学研究生院,2005.

[74] 顾基发,唐锡晋. 物理–事理–人理系统方法论:理论与应用[M]. 上海:上海科技教育出版社,2006.

[75] 曹星平. HLA 仿真系统的校核、验证与确认研究[D]. 长沙:国防科学技术大学研究生院,2004.

[76] 唐见兵. 作战仿真系统可信性研究[D]. 长沙:国防科学技术大学研究生院,2009.

[77] 张铃,张拔. 问题求解理论及应用:商空间粒度计算理论及应用[M]. 北京:清华大学出版社,2007.

[78] 贾利民,刘刚,秦勇. 基于智能 Agent 的动态协作任务求解[M]. 北京:科学出版社,2007.

[79]（美）Ronald J. Norman. 面向对象系统分析与设计[M]. 周之英,译. 北京:清华大学出版社,2000.

[80]（美）Biles,WE. UML 设计核心技术[M]. 蒋慧,译. 北京:希望电子出版社,2002.

[81] 孙世霞. 复杂大系统建模与仿真的可信度评估研究[D]. 长沙:国防科学技术大学研究生院,2005.

[82]（美）Karl E. Wiegers. 软件需求[M]. 刘伟秦,刘洪涛,译. 北京:清华大学出版社,2004.

[83]（美）Soren Lauesen. 软件需求[M]. 刘晓晖,译. 北京:电子工业出版社,2002.

[84] 刘大有. 知识科学中的基本问题研究[M]. 北京:清华大学出版社,2006.

[85] 王杏林,曹晓东. 概念建模[M].北京:国防工业出版社,2007.

[86] 郑立峰. 数学仿真系统可信度评估[D]. 长沙:国防科学技术大学研究生院,2006.

[87] 焦鹏. 制导仿真系统 VV&A 研究[D]. 长沙:国防科学技术大学研究生院,2004.

[88] 杨海刚. XX 模拟测试系统控制与管理分系统可信度评估[D]. 长沙:国防科学技术大学研究生院,2006.

[89] 张童. 面向服务的语义可组合仿真关键技术研究[D]. 长沙:国防科学技术大学研究生院,2008.

[90] 郑人杰. 计算机软件测试技术[M].北京:清华大学出版社,1992.

[91] 朱少民. 软件软件质量保证和管理[M].北京:清华大学出版社,2007.

[92] 齐治昌,谭庆平,宁洪. 软件工程[M]. 北京:高等教育出版社,2002.

[93] 廖瑛,梁加红,姚新宇. 实时仿真理论与支撑技术[M]. 长沙:国防科学技术大学出版社,2002.

[94] 刘宝宏. 多分辨率建模的理论与关键技术研究[D]. 长沙:国防科学技术大学研究生院, 2003.

[95] 顾基发,王浣尘,唐锡晋,等. 综合集成方法体系与系统学研究[M]. 北京:科学出版社, 2007.

[96] 金菊良,魏一鸣. 复杂系统广义智能评价方法与应用[M]. 北京:科学出版社,2007.

[97] 唐见兵,焦鹏,黄晓慧,等. 基于仿真组件构建的 HLA 仿真系统 VV&A 研究[J]. 系统仿真学报, 2009, 21(9):2478 −2481.

[98] 彭勇. 基于 BOM 的仿真模型组件测试方法研究[D]. 长沙:国防科学技术大学研究生院, 2006.

[99] 张柯. 联邦全过程全系统管理方法及技术研究[D]. 长沙:国防科学技术大学研究生院, 2005.

[100] 林新. 复杂分布仿真系统工程开发及 RTI 互操作性研究[D]. 北京:北京航空航天大学研究生院, 2001.

内 容 简 介

可信性是作战仿真的生命线,对作战仿真系统建设的全生命周期进行校核、验证与确认(Verification, Validation and Accreditation, VV&A)是确保和提高其可信性的重要途径,对作战仿真系统进行可信度评估可以获得其可信度,能够为系统的确认和重用提供数据支持。本书针对作战仿真系统的特点,从 VV&A 的总体、形式化建模、主要 VV&A 过程以及可信度评估等方面展开深入研究,并将研究成果应用于"XX 作战仿真系统"的 VV&A 及可信度评估中,取得了良好效果。

全书内容共分为 7 章,第 1 章为绪论;第 2 章从基本概念、研究框架、方法论、原则、过程模型及机制等方面对作战仿真 VV&A 进行总体研究;第 3 章基于 UML 语言及 IDEF0 语言对作战仿真 VV&A 过程进行形式化建模,使 VV&A 过程描述规范化、标准化;第 4 章与第 5 章针对作战仿真系统 VV&A 过程模型,重点对需求校核、军事概念模型验证、数学模型校核与验证(Verification and Validation,V&V)及软件模型V&V 四个主要 VV&A 过程展开研究;第 6 章深入研究作战仿真系统可信度评估问题,分别提出了两种可信度评估方式及方法;第 7 章以"XX作战仿真系统"可信度评估实践为例,介绍了作战仿真系统的 VV&A 和可信度评估方面的应用情况。

The credibility is the lifeline of warfare simulation. To execute verification, validation and accreditation (VV&A) is an important approach to insure the credibility of warfare simulation system through out the life circle. The credibility of warfare simulation can be acquired by credibility evaluation, which can offer the right data for accreditation and reuse. Aiming at the characteristics of warfare simulation system, the VV&A collec-

tivity, formalization modeling, primary VV&A processes, and credibility evaluation are researched thoroughly in the dissertation. The research production was applied in VV&A for a joint warfare simulation system as an example, and got great effect.

This book is constituted of seven chapters. The first chapter is the introduction. In chapter 2, the VV&A collectiity is studied as the basic theoretic, the research framework, methodology, principle, process model and mechanism in the dissertation. In chapter 3, the formal models of VV&A process are modeled based on UML and IDEF0, which can make it standardization and regularization. In chapter 4 and chapter 5, the four primary VV&A processes, requirement verification, military conceptual model (MCM) validation, mathematical model verification and validation (V&V), and software model verification and validation are studied roundly. In chapter 6, credibility evaluation of warfare simulation system is studied, and two types of evaluation manners and evaluation methods are put forward. In chapter 7, a credibility evaluation practice for a joint warfare simulation system, in which the author participates, is taken as an example, the application that the research of this dissertation used in VV&A and credibility evaluation of the system is introduced.